青春无畏
创业无悔
——大学生创业指导案例集

清华大学职业能力发展研究中心　组织编写

化学工业出版社

·北京·

本书主要内容为 51 个创业指导案例或创业故事与专家点评。案例或故事按照创业项目的所属行业进行分类，主要包括农业、制造业、建筑业、教育、金融业、居民服务业、零售业、软件和信息技术服务业、商务服务业、水生产和供应业、文化体育和娱乐业、餐饮业等 12 个版块。

创业指导案例以实例为基础记录创业导师进行创业指导的全过程，同时反映创业过程中遇到的困难与问题，并融合了指导方法与工具。创业故事为创业者自述，讲述创业自身的创业心得与体会，通过某一难点的切入，论述创业过程的心路历程。

图书在版编目（CIP）数据

青春无畏　创业无悔：大学生创业指导案例集／清华大学职业能力发展研究中心组织编写．—北京：化学工业出版社，2018.12

ISBN 978-7-122-33423-7

Ⅰ.①青… Ⅱ.①清… Ⅲ.①大学生-创业-案例 Ⅳ.①G647.38

中国版本图书馆 CIP 数据核字（2018）第 283217 号

责任编辑：廉　静　　　　　　　　　　装帧设计：王晓宇
责任校对：王　静

出版发行：化学工业出版社（北京市东城区青年湖南街 13 号　邮政编码 100011）
印　　装：河北鹏润印刷有限公司
710mm×1000mm　1/16　印张 11¾　字数 190 千字　2019 年 4 月北京第 1 版第 1 次印刷

购书咨询：010-64518888　　　　　　　售后服务：010-64518899
网　　址：http://www.cip.com.cn
凡购买本书，如有缺损质量问题，本社销售中心负责调换。

定　　价：48.00 元　　　　　　　　　　　　　　　　　　版权所有　违者必究

编写人员

主　　编：孙　逊　韩　华
副 主 编：李红俊　黄雁鹏
编写人员：（按姓氏笔画排序）

马　红　王　菲　王　枫　王潇君　王海波　毛祥和
叶　峰　刘　维　江　新　戎晓霞　孙珊珊　朱树清
沈　敏　李　玫　李　伟　杜梦佳　林志高　林志桢
杨淇征　杨欢鹏　岳建景　周　红　陈　东　荆　峰
贺　岑　胡　静　彭宇新　夏安吉　夏艳洁　徐　毅
秦　斌　崔　艺　袁俊超　曹文兰　郭　军　韩自强
蒋倩倩　童玲玲

前 言 FOREWORD

近年来,党中央、国务院高度重视创新创业工作,强力推动以创新驱动经济发展、以创业促进就业的新社会格局; 2018年的政府工作报告更提出了"打造'双创'升级版"的新任务,"双创"逐渐从"潮流"变为常态。转变中,以大学生为主体的广大青年群体充当了重要角色,据《2017年中国大学生创业报告》显示,近九成大学生考虑过创业, 26%在校大学生有较强的创业意愿,其中有3.8%的学生有创业的行动。大学生是国家宝贵的人才资源,是经济社会发展的重要生力军,鼓励大学生创新创业在有助推动经济转型发展、带动就业的同时,也有利于培养当代青年企业家精神以及拓宽其职业路径,意义重大。

众所周知,创业维艰,"九死一生"。大学生由于缺乏相关经验,在创业中遇到资金、团队、管理、运营等问题时,难免会束手无策。为此,政府、高校、社会组织以及市场化机构都为大学生创业者提供了多种有针对性的创业服务,其中就包括各类创业指导和咨询。

我国各级公共就业创业服务机构长期为大学生创业者提供免费的创业指导服务,多年来积累培养了大量优秀的创业指导教师,他们通过辛劳的汗水与专业的知识服务了一批又一批优秀的创业者。本书通过创业指导教师推荐、活动征集、机构选送等方式,收录了51篇大学生创业指导案例,从创业指导教师的视角剖析大学生创业的普遍问题,内容涉及创业资金、创业项目、团队建设、创业能力、企业制度和运营推广等六个方面。每一篇案例都由四个部分组成:一是案例回顾,简要描述创业者创业过程及突出问题;二是创业诊断,创业指导教师对创业者创业过程中出现的问题进行详细分析;三是创业指导,针对创业中出现的问题创业指导教师提出解决方案；四是指导效果，介绍创业者根据方案实施改进后的效果。

　　清华大学职业能力发展研究中心是 2011 年由清华大学、中国就业促进会联合成立，以就业创业新领域开拓与职业新能力开发为研究主题，以为国家研究就业战略措施服务和为基层提供创业培训技术指导为工作宗旨，在职业能力发展领域和大学生创业能力发展领域进行理论研究与实践探索的应用型研究机构。

　　本书集创业者与创业指导教师的勤奋与智慧而成，期望创业者可以把它当作一盏明灯，照亮自己的创业路，避开一些坑洼之处；期望创业指导教师把它当作一把钥匙，打开创业者的心扉，在今后的工作中与创业者一同成长。

编　者

2018 年 6 月于北京

目 录 CONTENTS

001　创业资金篇

002 ···· 农家院里的财富

005 ···· 不忘初心　坚持梦想

008 ···· 理念、实助双管齐下　铸就大学生创业名企

011 ···· 创新创业在巾帼　出色出众名顾丹

014 ···· 让创业资金充盈梦想之河

018　创业项目篇

019 ···· 传统文化显魅力　创业指导来助力

022 ···· 80 后造梦者

025 ···· 首尔焖锅

028 ···· 从"小饭店"到"大餐厅"的蜕变

030 ···· 小盆栽　大梦想

034　团队建设篇

035 ···· 团队重建让飞炫彩球"炫"到国外

039 ···· 如鱼儿般勃勃生机　似水草般郁郁葱葱

043 ···· 核心员工辞职　亡羊补牢犹未晚

047 ···· 优化创业团队结构　迈出创业坚实一步

051 ···· 开放式教学理念在家乡开花结果

055 ···· "烩客"：新颖名词背后的故事

059 ···· 扬帆启舟，立能育人

063 创业能力篇

- 064 ⋯⋯ 坚定创业信念　人生终将辉煌
- 068 ⋯⋯ 循序渐进梯次指导，助力大学生创业成功
- 072 ⋯⋯ "贝贝手工涂鸦坊"找准着力点开发大学生市场的创业历程
- 075 ⋯⋯ 民族传统手工制品成就90后大学生的创业梦
- 078 ⋯⋯ "特色创业培训+实训"为大学生创业插上放飞梦想的翅膀
- 082 ⋯⋯ 卓越APPS设计工作室找准发力点推动工作室顺利起步
- 085 ⋯⋯ 深度挖掘客户需求，让微电影成就"明星梦"
- 089 ⋯⋯ 情绪管理，助推创业梦想扬帆启航
- 092 ⋯⋯ 创新营销方式　助力小企业快速发展
- 096 ⋯⋯ 屡败屡战的箱包创客陈少俊
- 099 ⋯⋯ 十年淘宝修行路
- 103 ⋯⋯ 扬帆前行　为高校毕业生铺设创业大道

106 企业制度篇

- 107 ⋯⋯ 模式优化助力发展　驾考学习不再难
- 111 ⋯⋯ 企业制度化管理　给力大学生月嫂中介公司规范发展
- 115 ⋯⋯ 以赛促创，老高山育脱贫果
- 120 ⋯⋯ 一群大学生，毕业来卖菜
- 125 ⋯⋯ 用制度撑起创业的大厦
- 129 ⋯⋯ 企业制度不流于形式，助力项目快速收割市场

132 运营推广篇

- 133 ⋯⋯ 画画姑娘的创业梦
- 136 ⋯⋯ 酒香伴我去创业
- 139 ⋯⋯ 广州极光摄影工作室的再定位与转型
- 143 ⋯⋯ "好吃嘴儿"用面包撑起创业梦

145····为昭通之崛起而返乡

149····初生牛犊不怕虎

153····专业运营推广 助推淘宝小店焕发活力

156····"安小懒青年社区"项目瞄准初创团队 打造高品质社交生态圈

160 创业孵化篇

161····绘画开启了自己创业之旅

164····梦想的互联网"新农人"

167····孵化铸就影视传媒名企

170····创业从0.5突破到1

172····校门口的眼镜店

174····不改初衷发展移动医疗

176····提倡全民阅读的先行者

178····孵化园区培育智能洗护品牌"淘洗洗"

创业资金篇

最新发布的《2017年中国大学生创业报告》显示，目前，创业资金不足依然是大学生创业最主要的障碍，超半数的被调查者认为，资金短缺问题是他们在准备创业或创业过程中遇到的最大困难。"巧妇难为无米之炊"，创业资金的缺乏让大学生创业步履维艰，由于资金链断裂而导致项目搁浅的案例也屡见不鲜，那么对于广大青年创业者来说，能否在项目初期顺利筹集充足的初始资金，成为影响创业成败的关键因素。本篇中，不管是农家院里的项卓，还是打造名企的王辉，都曾遇到资金不足的问题，让我们一起看看他们是如何在老师的指导下顺利迈过资金短缺这道"坎"吧！

农家院里的财富

项卓，毕业于大连管理干部学院，毕业后在一家日资企业工作，后因寻求更多的发展空间，改行做了业务，在工作的两年多里，他一直有一颗"不安定的心"，总在寻思自己能否做点什么？

一个偶然的机会，他参加了一次某网站组织的户外活动：游山玩水＋农家饭，网友们报名非常踊跃，参加完活动后，他就在想：我家也在大山脚下，山清水秀、交通便利、物产丰富，是不是也可以把我家开发成一个可供吃住的农家乐呢？带着这个想法，他询问了周围的朋友，然后邀请感兴趣的朋友免费去他家体验爬山、吃农家饭、采摘水果。体验结束后，大家反映都很好，朋友们都说："你这有山有水，又是水果之乡，开农家乐绝对没问题，重要的是要开展一些特色活动吸引游客到你这来。"这些话让他更加坚定了创办农家乐的想法！项卓把农家乐的想法跟父母商量了，父母虽然不知道什么是农家乐，但想到儿子念完大学又回来了，坚决反对，项卓就跟他们说开发农家乐的好处："你们都面朝黄土背朝天地累了大半辈子了，我不想让你们再这样活，开农家乐，家附近的果树可以供游客采摘，你们不用那么辛苦；以前的土特产还要愁卖给谁，开农家乐后，土特产可以足不出户就被游客买走，咱们换种活法，我也可以陪在你们身边。"父母想了想，摇了摇头。倔强的项卓就要证明给父母看！

随后就是五一小长假了，项卓提前一个月就在网上发帖准备带团回家，父母起初不太愿意，他就一个人忙里忙外，后来，父母见他一个人实在忙不过来，不忍心，就帮他一起忙活，就这样，反复几次后，父母慢慢认同了他的想法，回乡创业的路真正开始了！"归依田园农家乐"正式挂牌营业。

农家乐的客户以户外 QQ 群和网站客户为主，由于客户不稳定，组团出游计划没有规律，农家乐的接待能力有限，就出现了有时应接不暇，有时无人问津的情况。为了能多招揽一些客户，项卓每天提着两箱散养大骨鸡蛋跑客户、拉团队，人瘦了，脸黑了，但还是没有改变农家乐的经营状况。

俗话说知易行难，项卓的农家乐客源断断续续，经营一段时间不见起色，想进一步做出特色但又缺少资金，创业之初的激情也被眼前一道道难题磨灭殆尽了。

问题诊断

近年来,随着城市化进程和快节奏现代生活的到来,越来越多的城市人喜欢到农村体验乡村生活,吃农家饭,呼吸新鲜空气,"农家乐"自然成了一种备受人们喜爱的新型产业模式,但项卓的项目存在以下先天不足。

首先,项目缺乏特色核心价值。太多的农家乐大同小异,甚至菜品都几乎一样,这种无差异化的竞争必然导致低质量价格战等恶性后果,最终使行业的整体覆没。

其次,项目缺少体系化客源渠道。没有核心价值导致没有市场定位,进而导致没有稳定客流,不仅影响项目收入,而且无法进行有效管理。

再次,项目缺少资金投入。打造特色、扩大规模、拓宽渠道、提升影响力都需要资金投入,解决基础投资问题迫在眉睫。

创业指导

首先,针对经营项目缺乏特色,设计策划个性化活动。每年农家乐都会开展一些主题活动,例如,家庭亲子活动、单身男女主题活动、情侣主题活动、户外群活动,结合每个活动主题安排活动行程,每次的活动安排都会在网站上公布,同时活动精彩照片也可在网站浏览下载。现在农家乐的客户主要是企事业单位、家庭、户外群体等。在活动安排上,为了吸引更多的游客,结合村里的资源,可以安排爬山、钓鱼、采摘、抓小龙虾、骑越野车、篝火、烧烤、露营等活动。另外,还可以为企业提供免费拓展、水枪大战等活动;为家庭亲子提供刨地瓜、采板栗、摘松子等项目;为户外群体提供穿越、攀岩等极限运动。

其次,拓展业务渠道,扩大客户来源。与各旅行社等机构建立业务合作关系,开通"归依田园"微信平台并加以推广,同时还利用不同季节对重点客户分类定向宣传。现在,已经实现客户需提前预订,根据接待能力合理安排的良好模式。

再次,合理融资,同时增加盈利模式。经过申请,顺利拿到"中国青年创业计划"5万元的无抵押无担保无利息贷款。同时,在游客返程的时候,为客户准备了纯绿色土特产带回给家人分享,纯正庄河散养大骨鸡及鸡蛋,山野菜,各种应季梨、桃、苹果、榛子、核桃、地瓜、土豆等品目繁多。此外,在大连市内绿波、泉水还设有两处土特产销售点,长期为客户提供纯绿色土特产。

指导效果

通过改造后的"归依田园农家乐"在第二年就销售出大骨鸡蛋、鸭鹅蛋超60000个,大骨鸡800只,农家猪17头,这些土特产均来自周围村民家,大大提高了村民养殖热情。如今,项卓的"归依田园农家乐"项目已经打造成大连"亲子活动基地""采摘活动乐园"和"土特产品大集",一个靠农村自然条件为创业资源的产业项目正在茁壮成长,项卓的"归依田园农家乐"为农村创业树立了成功的典范。(辽宁省大连恒合投资管理有限公司 林志高)

不忘初心　坚持梦想

——85后IT女的创业之路

小金，26岁，毕业于东南大学电子科学与技术专业，是一个开朗、乐观的女孩。大学毕业后，小金选择了很少有女生愿意选择的IT行业，做了一名程序员。工作四年，小金积累了不少的职场实战经验，小金觉得她是幸运的，做着自己喜欢的事，庆幸自己的职业能和兴趣相结合。

但是随着自己工作经验的不断积累，小金血液里不安分的因子开始跳跃了，不想在办公室里做个传统的IT女，她说与其给别人打工，不如自己给自己打工，研发真正属于自己的东西。当她把这个决定告诉父母时，父母一如既往地支持自己女儿的决定。有了父母的支持，小金也很快找到了几个志同道合的伙伴，开始了自己的创业之路。

梦想是美好的，现实却是骨感的。创业之初，小金就碰到了各种各样的难题，理工科出身的她，对专业技术了如指掌，可是对一个企业的运转却感到无从下手。创业启动资金的筹措也成了一座山，压在她的心头，虽然她和伙伴们东拼西凑了一部分，可还是不够……

问题诊断

创业者小金是个有个性、独立、开朗的85后女生，年纪虽小，对于自己的人生规划却很清晰。虽然是在蜜罐里长大的一代，但是身上没有骄娇二气，她有着自己的理想、自己的追求，同时也具备了创业的基本素质。

一、创业的激情。小金虽然表面上看上去是个柔弱的女生，但是骨子里却有着一份创业者应该具备的坚韧的意志。她的言谈举止都透着年轻人的活力，她有梦想，有甘于为梦想而奋斗的动力。

二、专业的技术支持。小金要从事的是软件开发行业，这个行业需要具备很强的专业知识，而科班出身的小金，有着丰富的专业知识。四年的理论学习，四年的程序员工作，为小金奠定了扎实的专业基础。

三、志同道合的团队。在创业之初，小金意识到团队的重要性，她依靠自己多年积累的人脉关系，找到了一伙志同道合的朋友，整个创业团队拥有丰富的专业技术。

四、创业的机遇。小金冒出创业想法的时候，正是国家推进"大众创业，万众创新"时期，政府文件中多次提出要大力扶持大学生创业，所以小金的创业可以说是顺势而为。

通过小金的描述，创业指导师也发现了她创业之初的一些问题。这些问题直接影响着她的创业之路能否顺畅地走下去。

一是缺乏管理经验。小金一直从事的技术行业，对企业的管理知之甚少，不知道对一个团队如何有效地管理。同时对创业企业办理流程、税务知识也缺乏了解。

二是缺乏启动资金。虽然她和团队拼凑了一部分资金，但是还有一部分的缺口。巧妇难为无米之炊，资金链的断裂，让小金的创业梦想难以启航。

三是团队角色设置不合理。通过沟通，了解到小金的团队都是技术型的人员，缺乏管理型的人才。

创业指导

针对小金的总体情况，利用SWOT分析法，诊断出她创业的优势和劣势。针对她目前的劣势，创业指导师给予了她如下几点意见。

一是推荐小金参加创业见习。针对小金目前的情况，缺乏管理企业的经验以及基本财务知识。结合本地目前针对创业者推出的创业见习政策，通过在成熟企业学习的机会，解决创业者在创业中的瓶颈问题。小金进入一家专业的财务咨询公司学习。了解企业的创办流程以及基本的财务知识，从而弥补了她团队的缺陷。

二是推荐融资途径。鉴于资金问题是小金目前最为关键的问题，根据小金的自身情况，建议她申请针对35岁以下青年的创业前小额贷款。

三是调整团队设置。创业指导师与小金分析了团队的重要性，团队分工要合理，同时由于她是合伙机制，建议她处理好权利和义务、团队的决策权、合伙人退出机制、成本和利润的分摊等一些细节性问题。同时建议小金在有可能的情况下吸纳管理型的人才进入她的团队。

四是调整公司项目。由于小金处于创业初期，如果一股脑儿地沉浸在研发中，公司的运转都有可能成问题，即使获取了融资，也坚持不了多久。创业指导师建议小金和她的团队在研发自己产品的同时可以接一些单子，帮助人家开发，以维持自己公司的基本运转，同时也可以积累更多的人脉。

五是建议小金坚持梦想，适时调整好心态。小金虽然具备了创业的胆量，也有能力，但是创业始终不是一帆风顺的，创业中存在着酸甜苦辣，需要她自己慢慢品味。希望小金做好足够的心理准备，不管遇到什么困难，都不忘创业的初心。（上海市奉贤区就业促进中心　夏安吉）

理念、实助双管齐下
铸就大学生创业名企

　　王辉,毕业于常州轻工职业技术学院动漫设计专业。因家庭经济条件较差,为减轻家里的负担,王辉利用课余时间做兼职,从大二开始,王辉所有的学费都来自他获得的奖学金和打工收入。

　　到了毕业实习期,王辉选择了创业,成立了常州市橙果广告有限公司。然而创业之路看似丰满,现实却很骨感。由于无资金、无场地、无经验、无技术……王辉的创业之路走得并不理想。

　　首先遇到的问题就是资金问题,公司注册需要场地,租赁场地就要费用,而王辉当时的创业资金仅仅只有积攒的2000元。此外,由于不懂公司的管理知识,王辉拼命地去开拓业务,2013年相继成立了两家分公司,却因没有回款意识,出现了严重的资金脱节,当年年底勉强兑付员工工资后,还欠下40多万元的外债,公司一度维持不下去。

问题诊断

　　王辉的冲劲和闯劲非常让人钦佩,但是,创业绝不是凭热情和冲劲就能成功的,王辉创业之初辛苦付出,但成效不明显,还到了维持不下去的程度,其主要原因来自三个方面。

　　一是缺乏完整的创业规划。王辉的创业属于生存式创业,认为广告行业门槛低、来钱快,但没有一个较为全面的创业规划,对企业的发展未来也没有明确的目标,因此他在创业过程中会遇到各式各样的困难也就不奇怪了。

　　二是对企业核心竞争力定位不清晰。目前广告行业已是红海,作为一个没有资源、没有经验、没有技术的大学生初创企业,如何与目前现有的企业去竞争?在创业初期,橙果公司虽然辛苦,但是接到的订单都不大,利润较低,只能勉强维持公司的运营。如果在创业初期不能有效构建企业的核心竞争力,失败是在所难免的。

三是缺乏相关技能。从王辉的整个创业历程可以看到，王辉经历过资金短缺、团队管理、业务拓展、财务管理、企业文化构建等很多方面的问题，走了很多弯路，吃了很多亏，所以如何在短时间内快速提升王辉的管理水平也是一个非常重要的问题。

创业指导

针对以上三个方面的问题，一方面要解决王辉企业发展定位问题，不断通过各种渠道提升其创业能力；另一方面也要对其在创业过程中遇到的具体困难给予帮助。

一是改变创业理念、提升创业能力。首先确立企业核心竞争力和发展目标。

创业指导师："你做广告，其他人也在做广告，你的广告比人家强在哪里？客户凭什么要在橙果做广告？"

王辉："……"

对于这个问题王辉不知该如何回答，创业指导师为王辉设计了"名利双收"计划，即先构建企业的形象和品牌，通过这些无形资产来提升橙果的知名度，从而达到社会效益和经济效益的双丰收。一方面王辉在橙果的创立过程中，一直非常注重公益的内容，其公司的员工全部是贫困大学生，并对接资助了溧阳一所贫困小学。另一方面，王辉积极主动参加各类设计大赛、各类评选活动，也取得了非常好的成绩。这些成绩的取得大大扩大了橙果的知名度和社会认同度，同时也给橙果带来巨大的经济效益。

其次，不断强化提升其创业能力。针对王辉创业能力不足的现状，一方面，鼓励他参加各类创业大赛，通过创业大赛，能对整个企业发展有清晰的认识，也能提前预判企业所面临的问题，及时提出改进方案。另一方面，建议他参加学院组织的SYB创业培训和常州市创业指导服务中心组织的IYB创业培训。通过有针对性的培训，王辉逐渐了解了企业的运营机制，建立了企业管理制度体系。当他再次面临核心成员离职、决策失误等问题时，都能迅速做出调整，提出解决方案，使企业避免损失，步入良性发展阶段。

二是为其提供创业实际帮助。针对王辉创业资金和场地的问题，常州轻工职业技术学院给予了他很大的支持。2011年，在工训楼四楼为王辉提供了临时办公场地；2012年，常州轻工职业技术学院在图文信息楼为王辉提供了近百平方米的办公场地；2010～2011年，学院为王辉提供创业资金总计近两万元；2014年，经常州市创业指导服务中心推荐，王辉的企业成功入驻江苏省省级大学生创业园——常州钟楼高新技术创业服务中心，园区为其提供了免费的创业办公场地。

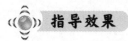 **指导效果**

在创业导师的指导下,王辉痛定思痛,用了整整半年的时间进行调整,把一些不盈利的项目撤掉,并且做好回款方面的工作。又经过几年的创业磨砺,目前的王辉处理事情也比较理性,不再像创业初期那样盲目和骄躁。结合2017年的营业额,王辉将2018年橙果公司的销售目标定为1000万元,年增长率不低于20%。此外,通过这几年的积累,王辉获得了很多荣誉,积累了很多无形资产。对于未来,王辉更是充满信心。

2010年经全国高职高专指导委员会认定为江苏省创业典型;

2011年获江苏省好青年提名奖;

2012年获"十佳最美常州人"称号;

2012年获"感动中国江苏地区十大人物"称号;

2013年4月荣登中国好人榜,获得"中国好人"称号;

2013年常州市青年创业大赛三等奖获得者;

2013年常州市大学生创业大赛三等奖获得者;

2014年获"江苏省优秀青年企业家"称号;

2015年获"徐州市第四届道德模范"候选人。

(江苏省常州轻工职业技术学院 秦斌)

创新创业在巾帼　出色出众名顾丹

顾丹有今天的成就取决于两个主要因素：一是"荒年饿不死手艺人"的家训，另一个则是做独立女性的人生追求。上海丰厚的工商业发展史和繁荣的经济发展环境，加上顾丹对彩色打印这门"手艺"的"痴迷"，令她在青年时代就萌生了创就事业、展现现代女性独立风采的激情。这个志向也让她放弃了广告公司的白领工作，走上了小微创业之路，而创业担保贷款恰恰成为她这段创业历程的助推器。

2005年，她凭借多年工作经验和对行业的敏锐度，果敢地选择了刚刚成立的"8号桥创意园"，创办了"快印王子"印刷店。这是一家集数码打印和传统

创业者顾丹

印刷为一体的印刷门店,并逐渐发展成配合CDB中心城区企业设立的专业的打印服务外包公司。在传统印刷和数码印刷两大行业分开前行的时代,"快印王子"结合市场需求,把传统胶印融合数码印刷技术,以每分钟上百张的打印速度率先进入了"商务数码打印时代"。

为了立足行业,顾丹颇下了一番功夫,深入研究各类打印机的型号、纸张的特性。为了解决色差问题,顾丹会拿着各类色卡对每一份订单都反复比照,以保证客户可以获得最佳打印效果。日复一日的积累使顾丹练就了一双火眼金睛,看一眼设计师的图稿就能报出相应的色号,并为客户提供最优的打印机与纸张配置方案。

但是,理想和机遇虽好,初创小微企业的烦恼顾丹也没有逃过。因为是白手起家,顾丹最初的创业形式是一家打印服务社,申请商贷很困难,顾丹一度几乎不能按时发放员工工资。此外,顾丹希望自己事业能够向更宽广的领域拓展,不局限在设备提供上。她越来越热心于昆曲、舞台剧等一些小众群体的演艺项目,并看好这一文化项目发展的远景。然而,这类项目收益率低,用公司形式运作成本投入太大,以顾丹现有的经营实力着实承担不起。

问题诊断

一是高端打印设备的购入需要较大资金支持;行业特点使得这类企业在流动资金上容易存在资金断链的风险。这是顾丹在经营上出现资金困难的主要原因。

二是昆曲、舞台剧等小众群体的演艺项目社会价值大,但是当下的市场价值体现不足,选择此类创业项目容易使企业陷入培育市场的长期投入。顾丹现有的公司还属于小微企业,养育市场能力较弱,经营风险高。

三是她目前所创办的企业地处黄浦区,租金较高,如再创办一家新公司会带来新的场地成本压力。

创业指导

针对这一情况,黄浦区创业指导中心向她介绍了创业担保贷款政策,并且告诉她7万元以下免担保,吸纳本市户籍劳动力就业可享受配套贴息政策的优惠。在中心的帮助下,顾丹申请到了第一笔7万元的创业担保贷款,伴随她度过了小微企业成长最关键的初创期。随着顾丹事业的发展,创业担保贷款免担保额度也上升了,良好的信用使她在2012年11月第二次向黄浦区创业指导中心申请贷款时得到了 10 万元资金。2014 年 5 月，她第三次向黄浦区创业指导中心提出贷款申请。

针对顾丹对演艺项目创业的需求和困惑，黄浦区创业指导中心向她介绍了民办非企业的经营形式，并鼓励她利用自己的社会身份积极参与社会事务，拓展公益类文化项目的推广力度。

黄浦区创业指导中心还向她推荐孵化器政策和房租补贴政策，有效降低了她的场地成本。

指导效果

当顾丹第三次向人社部门提出创业担保贷款申请时，她已经是一名颇有经验的女企业家了，同时经营着一家公司和一家民办非企业，行业涉及印刷打印和演艺娱乐。此外，她也成为社会公共事务的积极参与者，不仅成为民主建国会会员，还是所居住街道的妇联执委和街道俪群会理事。伴随事业成功而来的是各种荣誉，顾丹不仅荣获黄浦区优秀创业带头人"十佳"称号，她的企业还被上海市总工会评为"上海工会职工创业示范点"，成为小微企业创业带动就业的模范。她每年都参与慰问老人活

顾丹的第一家门店，小而美

动 2 次以上，每年参与小慈善活动，捐赠金额 500～2000 元不等，2016 年慈善拍卖捐款 1.2 万元，是区内女性创业的典范。

谈到今后的发展，顾丹表现出很高的自我要求。她觉得公司虽然发展起来了，但是盈利能力有待提高。她打算用好第三笔贷款，提升经营内容，聘请优秀经营人才，提高公司的竞争力，为经济发展多做贡献。创业担保贷款伴随顾丹青年时代的梦想一路走来，充分体现了现代都市女性的个人价值，展现了独立美丽、出色出众的风采。（上海市黄浦区就业促进中心）

让创业资金充盈梦想之河

　　李伟，1989年2月出生。2009年毕业于山东化工技师学院，先后在滕州东方钢帘线有限公司等单位工作。工作初期由于没有明确的职业规划，李伟像很多刚毕业的大学生一样，在岗位上辛勤努力之余还有一丝对未来的迷茫。李伟出生在普通的农村家庭，在当地有份稳定的工作，但每月拿着2000多元的固定工资，不是他想要的生活。2013年年初，在经过彷徨与挣扎后，他立志创业，开始四处考察。但创业不是"吹泡泡"，一张嘴就见效，由于缺乏社会历练和市场经验，他一直没能找到合适的创业项目。

　　随后，滕州人社局的工作人员在开展的"就业创业服务进社区"活动中，

户外电子便利店

了解到李伟的困惑。于是推荐他参加了由人社局组织的免费创业培训班。考虑到学员们的创业零基础，指导老师在课堂上采取理论教学、创业模拟、参观座谈等生动活泼的教学方式，增强创业培训的趣味性和实用性，帮助学员开阔视野，理清创业思路。经过培训，李伟发现在工厂上班时，生产车间内夏季高温、冬季严寒，员工们喝水很不方便，要是想喝冷饮或热饮更是没有条件，这让李伟看到了商机。

说干就干，李伟兴奋地开始考察市场上各类饮品售货机，仔细地分析成本投入、利润空间和回收期。2013年5月，李伟注册成立了滕州市沅隆商贸有限公司。滕州市第一台夏季可制冷、冬季可加热的自动售货机投放在了滕州东方钢帘线有限公司。由于市场反应良好，李伟决定一鼓作气加大投放量，但机器成本较高，一时间拿不出足够的资金，银行也因其没有抵押物而拒绝贷款，李伟刚刚点燃的创业激情一下子被浇灭了。

问题诊断

创业路上避不开"项目关、资金关、人才关、管理关"四道关口，要想创业成功，只有一个好点子、一个好的创业项目是远远不够的，关键是如何把"点子"变成"金子"。这就需要在创业之初做好规划，详细的创业项目书和创业方案可以为将来创业指明方向。李伟的困境就是因为前期考虑不够，没有找到稳定和持续的资金来源，对金融贷款业务和流程不够熟悉，导致资金不足，创业止步。

其实，在"大众创业、万众创新"的浓厚氛围下，当地鼓励创业的政策有不少。大学生是创业重点帮扶群体，可以享受免息创业担保贷款、创业补贴、岗位补贴、社保补贴、租赁补贴等一系列资金扶持政策，李伟可以充分利用政策优势，集聚社会资源，跳出传统的创业集资模式。

创业指导

一是帮助解决资金周转。针对李伟的情况，该市人社部门积极协调金融机构，经过项目考察，为其提供了10万元的免息创业担保贷款，解了他的燃眉之急。同时，针对他的实际情况，给予他免费提供经营场地、免费提供办公设施、减免部分房租水电费、减免部分行政事业性收费、免费提供创业咨询，提供创业补贴"五免一补"优惠政策，先后为其减免、提供各类创业资金补助20余万元。

户外电子便利店购买商品方便快捷

二是帮助解决后续资金注入。由于李伟的创业项目前期投入较大，回收期较长，仅靠个人力量难以维系，企业生存风险较大。结对帮扶的创业导师推荐他入驻滕州市农副产品物流中心大学生创业园，并为其积极争取园区项目投资。由于该项目在本地运营良好，市场前景广阔，2014 年 3 月，沅隆商贸的 O2O 电子便利店顺利通过项目评估，创业园区为其投资 200 万元，省内首家户外电子便利店投入运营，并由此开启了以淘宝、天猫为电子交易平台，实现线上支付、线下自助取货的便捷交易新模式。

三是帮助降低运营成本。李伟入驻的创业园区是鲁南地区的物流商贸中心，同时是省级创业示范园区，运营规范，服务周到，可以在很大程度上降低创业者的物流成本。李伟就是发挥了物流中心在仓储、物流、商务等方面的优势，并与电子商务创业相结合，建立了"电子商务＋物流"的商业运作新模式。

指导效果

目前，李伟创办的公司拥有员工60人，主营自动售货机、售纸机、自助式投币洗衣机、电子便利店四个业务板块，先后在滕州市高档住宅小区、写字楼、医院、学校、广场等人员密集场所投放自助设备77台，销售产品130万件（次），惠及群众60余万人，并逐渐向青岛、威海等地扩展。（山东省滕州市人力资源服务中心）

创业项目篇

项目是创业的根基,所有活动都要围绕其展开。但项目并非想法,能随着"丝滑拿铁"的入口而在头脑中迸发出来,它需要以科学的态度做出严谨的论证与调研,来确定产品或服务是什么、目标客户是谁、核心需求是什么、商业模式是什么、时机是否成熟、能力是否匹配等。由于缺少相关经验,大学生创业者更容易被可期未来的美好所蒙蔽,而忽略了对项目合理性、匹配性的基本判断。本篇讲述了旧物收藏的于英廉、跨行业做绿色养殖的王怡和张宁,还有种植盆栽蔬菜的杜非和董守智等创业者的案例,希望他们在项目选择时的那份执着与宁静,对正在创业路上的你有所启迪!

传统文化显魅力　创业指导来助力

2011年毕业于日本国士馆大学经济学科的于英廉回到上海，最初她曾经想做个白领，但是到日资公司工作一段时间后，觉得这不是她想要的生活，让她对自己的职业人生进行了重新思考……于英廉的父母曾在社区的帮助下从事"4050"项目中的旧家具回收经营，2011年该劳动组织面临转制，遇到税费增加、各项成本上升、利润空间受到挤压等问题，再加上日常的经营管理能力有限，经营活动完全进入社会化、市场化的自主经营、自我管理、自我发展的模式，使于英廉的父母在经营上感到力不从心。于英廉看着父母苦心经营的小店就快要支持不下去了，决定女承父业，承担起经营家庭店铺的重任。在小店转型过程中，于英廉意识到简单的家具翻新已经不能满足现代消费的需求，如何把店铺经营下去成了摆在于英廉面前的首要难题。

创业者于英廉

问题诊断

对于于英廉来说，父母的家具回收维修服务部已经给她提供了一个相对安全的创业基础。现阶段最重要的就是需要系统地学习创业相关知识，这其中包括：创业项目选择、工商登记、税务管理、市场定位、经营模式等内容。目前家具回收维修服务部已经不能满足人们的需求，逐渐被市场所淘汰，如何对老店重新定位、抓住新的商机是于英廉急需解决的问题。

创业指导

一是系统学习创业知识，对创业项目重新定位。于英廉和父母在社区创业服务人员的介绍下参加了由政府组织的创业培训课程。创业指导师在了解到于英廉的实际情况之后，培训期间，对其进行了结对"一对一"的创业辅导；传授其政府相关扶持政策，建议其及时发现市场需求、抓住机遇，从别人不经意、忽略的产品项目做起，反而能成就一番事业，切忌盲目跟风从众；并建议其创业项目一定要做相对熟悉或自己喜欢的行当，最好在亲戚朋友中，能有从事相关工作的人员，这样可以在她创业初期在一定程度上助其一臂之力，同时也帮助她分析创业过程中将要遇到的问题及潜在的风险。

在创业培训过程中，于英廉在创业指导师的指导下，前后做了大量的市场调研，通过分析得知：像上海这样的沿海发达城市内的普通百姓，随着收入不断地增加，越来越追求高品质的生活质量。结合于英廉创业的意愿，创业指导师为于英廉创业项目进行评估、重新定位，结合徐汇区"洋房聚居"的特有区位优势，确立创业项目能够体现老上海传统文化特色，主打传统文化牌。于英廉在日本求学期间就发现很多东西方国家都有收藏旧物的传统，已经传承了好几代人。不仅仅是老物件，日本对传统技术和手艺的传承也相当重视，而上海有特定的文化底蕴，很多人对老上海的文化和一些老物件情有独钟。于是于英廉从每件老物品的材质、用途入手，开始慢慢研究钻研，从老书籍和画册中了解老上海风情，渐渐地她被这个年代所赋予的生命力和想象力所征服。耳濡目染，于英廉不仅喜欢上了它，而且看好它的创业价值和前景。于英廉决定将创业的项目锁定在传统家具"再设计"上。

二是申请创业担保贷款，解决企业发展问题。不久后，"明古轩"中西古董家具店在上海市的永康路开业了，但随着业务量的不断增长，于英廉明显感觉在资金方面的不足。在创业指导师的辅导下，于英廉利用国家的创业优惠政策来解决目前的企业难题。上海市人力资源社会保障局文件规定："创业担保贷款政策对象范围扩大到本市高校在校及毕业的非本市户籍35岁以下青年大学生。符合条件的对象在沪创业并吸纳本市劳动者就业的可以按规定申请个人最高50万元、法人最高200万元的创业贷款担保。"所以于英廉向政府提出申请，顺利申请到了30万元的创业扶持贷款，这笔钱好似一颗定心丸，使得于英廉扩大办公场所、增加仓库、配备运货车辆，由原来单一的产品扩展到上百个品种，员工数量也扩招到了13人。

明古轩中西古董家具店

指导效果

在"明古轩"商铺里，轻轻打开一台二十世纪三十年代收音机的旋钮，一曲《花好月圆》隔空飘来，让人恍如隔世，你即刻穿越到二三十年代的上海。从一件小摆设到收音机、取暖炉，甚至于老上海人使用的米斗，从小茶几到典型的海派家具，每一件物品都镌刻着百年上海的脚印，就像见到一位久未相逢的老朋友，虽陌生却又无比熟悉。在常人看来回收的旧货是那么的破旧不堪，而于英廉会琢磨其出身、背景和使用功能，重新设计后加以修复。除保持原有风格外，在细节上注入现代因素，为旧货做一些装饰，使得旧货既有实用性，也体现旧货的凝重感。经过修复后的老物件散发着刻在骨子里的老上海情结，深受顾客喜欢。永康路这个叫"明古轩"的怀旧小店和她的主人已经培养了一批固定客户，即使不买物品，他们也会经常来到"明古轩"，品味老物件给予他们的文化滋养。（上海市徐汇区就业促进中心　韩自强）

80后造梦者

在森林茂密的贺兰山脚下，有这样两个人：他们毕业于同一所大学——兰州文理学院，虽然学府名气不大，但还是培养了他们不走寻常路的个性，女孩叫王怡，男孩叫张宁。

两人有着相似的秉性，王怡是家里的独女，自小父母便对她关爱有加，可她是个不安分的女孩，在大学时带家教、做销售、发传单……张宁，自小生活在农村，知道生活的不易，所以，比起其他的孩子，他更早地扛起了生活的担子，为了不给家人增加负担，大学期间开了话吧，解决了自己的温饱问题。

大学毕业后，王怡先后去了广州和无锡，做外贸工作；张宁去了上海，做起了东芝电器的销售。在日复一日繁忙的工作中，他们不断地互相鼓励，探讨人生，两颗心越来越近，也渐渐地明确了什么是自己想做的。最终，两人毅然决定辞去工作，踏上创业之路。

王怡和张宁在校学习的都是国际经济与贸易专业，但是他们选择的创业项目却是珍禽的绿色养殖，俗话说"隔行如隔山"，面对如此大的专业跨度，创业中遇到了创业项目选择、缺少专业技能等多种问题……

问题诊断

问题诊断一：项目如何选择？

在项目选择上，他们本打算以餐饮为主导，做一个绿色餐饮，但是又发现了养殖珍禽的商机，是绿色餐饮还是养殖珍禽，这让他们俩在项目选择上犯了难。

靠小成本创业，要以特色制胜。同质性强、缺乏特点肯定很难立足，只有有特色、有区别才能在激烈的竞争中树立优势、站稳脚跟。所以创业指导师建议他们要创造自己企业的特色，同时，还要认清自身的优势与不足，争取一切可利用的资源。

王怡和张宁在创业指导师的指导下，首先挖掘了社会资源，张宁父母为银西护林员，对当地的情况比较了解，且有一定的养殖经验，随后他们做了一番详细的市场调查，发现珍禽养殖在当地较少，且随着旅游业的发展，有非常广阔的市场。经过商议决定先主攻绿色养殖，后专营绿色餐厅，并且在养殖初期就提出了三大特色：一是拒绝笼养圈养，坚持放养，实行全面野外放养，让其回归自然；二是在傍晚归巢时加喂农家玉米、米糠、麸皮、苜蓿草、蔬菜、蚯蚓及 EM 生物发酵秸秆料等自然饲料；三是在疾病预防上，杜绝使用抗生素类药物，而采用中草药预防。这样珍禽活动量大，因而生长速度慢，一般要晚上市 2~4 个月，在品质上实现无污染、无药物残留，肉质结实有劲，味道独特鲜美。

在老师的建议和家人支持下，他们把握机遇，经过一年多的市场调查和研究，成立了绿林之洲珍禽养殖场，开始了绿色种植、绿色养殖项目的创业之路。

问题诊断二：如何提高技术水平？

自 2011 年 8 月，他们的第一批种苗回来之后，没有任何养殖经验的他们，遇到了成批鸡苗死亡、鸡舍被人当违规建筑拆毁、养到 4 斤多的珍禽被野猫叼走、鸡舍被盗等困境，创业之路遇到了一次又一次的打击。

在创业初期，问题总是很多的，困难总是重重的，但是坚持总能想出办法，坚持总会有转机！创业家马云曾经说过一句话："今天很残酷，明天很残酷，后天很美好。但是大部分人都死在明天晚上，看不到后天的太阳。"创业者只有坚守信念，勇敢面对，以积极的态度去迎接挑战，才能渡过创业的难关最终取得辉煌，同时通过"量的积累"，实现"质的飞跃"。

在此意见指导下，他们收拾心情，去了北京学习 EM 微生物种植、养殖的先进技术，用知识武装自己的创业技能，养殖中的问题渐渐解决了。对于拆毁的鸡舍，他们锲而不舍，先进行简单的搭建，然后争取当地政府的支持，建设了现代化的育苗场所，每件事情都在向好的方向发展。

问题诊断三：企业稳定了，想扩大规模怎么办？

在两人的共同努力和亲朋好友的大力支持下，绿林之洲珍禽养殖场慢慢站稳了脚跟。然而，张宁还有一个梦想，那就是把企业做大、做强，同时也带动周围的家乡父老们一起致富。

对于小成本创业投资者，尤其是对于没有太多社会经验和人脉关系的大学生创业者来说，借助政府的创业指导部门的支持与帮助是非常重要的。因为创业是一项复杂的工程，要求创业者具有综合的能力，不仅要有专业技能，更要有组织管理能力、市场营销能力等。而创业指导部门不仅帮助创业者提前培训创业的意识、创业的能力，而且在项目选择、问题咨询、品牌推广等方面都会给予一系列支持。

他们依靠当地政府在 2013 年成立了银川市西夏区养殖农民专业合作社，通过合作社他们可以有效地组织当地的劳动力，进行五个统一：统一技术培训管理、供苗、预防、选购农作物饲料、销售。目前，绿林之洲珍禽养殖场饲养家禽 10000 只，带动养殖户 20 余家。绿林之洲合作社散养殖户养殖的鸡苗达到了 3.8 万只，合作社为其提供鸡苗、技术、销售渠道等服务，年销售额达到了 220 万元。

指导效果

育雏还在继续，他们坚持悉心照料，坚持不用抗生素。慢慢地，他们有了自己的客户，第一位散客，第一个农家乐，第一家酒楼……坚持珍禽品质的同时，开发了相应的系列产品——珍禽蛋。不同的珍禽蛋有着不同的食疗作用：含铁的欧洲雁蛋、含钙的珍珠鸡蛋、能祛毒素的雁蛋等。

经过 5 年多的时间，贺兰山下一处大型珍禽放养的生态农庄展现在大家面前，提供产品包括贺兰山放养草原鸡、珍珠鸡、欧洲雁、灰雁、七彩野山鸡、火鸡、孔雀、草原土鸡蛋、珍珠鸡蛋、欧洲雁蛋及各类种苗，每年还限量提供农家百花土蜂蜜。农庄自然环境优越，放养场地 150 亩，生态保护区草场 3000 多亩，同时还提供旅游、餐饮一条龙服务。

张宁在接受记者采访时说："他们的梦想是要带动更多的养殖户一起将产业做大，帮助更多的农民脱贫致富。"（甘肃省兰州文理学院　马红）

首尔焖锅

——做自己的锅王

陈某，2011年9月进入无锡商业职业技术学院旅游管理学院酒店管理专业。大一的《职业生涯规划》课上，他深入地剖析和探寻自己今后的目标。他发现，自己热爱餐饮，性格也适合从事餐饮行业。由此，未来从事餐饮行业的理想就此点燃。

大三的时候，他在苏州洲际酒店实习，半年的沉淀与打磨，让他对餐饮行业有了更加深入的了解。毕业后，他毫不犹豫地选择了餐饮行业作为创业的基础。

2014年春节，他决定先找一些小项目练练手……

问题诊断

在寻找项目的过程中，陈某遇到了一系列问题：

第一是项目问题：如何提供小成本、大特色的产品是核心问题。

第二是原材料问题：有了项目，原材料渠道就显得非常关键。口味、特色决定着能否在众多的餐饮行业脱颖而出。

第三是营业推广：作为一家新店，如何快速地打开市场，赢得顾客，事关生存之大事。

创业指导

陈某在校期间参加了领航者的创业培训，遇到问题的时候第一时间就想到了就业辅导员沈老师，沈老师针对陈某的问题一一给出了解决方案。

解决问题1：选择什么项目

指导意见：走街串巷，用餐时间看看什么项目能赚钱，要求至少观察2周，从人流、翻台率等角度观察。

陈某在每天走街串巷的观察后，发现有一家焖锅店生意非常好，而且操作简单,最核心的就是一款铺在上面的酱料,非常适合自己目前去操作。

解决问题 2:原材料问题

作为一个创业新手,跟随成功者的脚步是创业成功的秘籍之一。于是他开始收集焖锅的信息,寻找酱料供应,研制酱料配方。为了获取到这一家酱料蛛丝马迹的信息,他频繁去消费,请教了学校烹饪的老师,也不断在网上搜索供应商,但一直没有满意的结果。指导老师建议他做好两手准备,第一找人复制这款酱,第二寻找替代酱料。通过网络,陈某联系到一家北京的供应商,对方说可以供应黄记煌的酱料,他定了一批货,结果收到酱料的时候,标签被撕了一半,对着那只剩一半的标签,他仔细地看了一遍:原料、用途、生产许可证……顿时他眼前一亮,通过生产许可证是不是可以查到点什么内容呢?打开百度,他一遍遍地输入这一串英文和数字,几经尝试,忽然显示出一个地址。通过地址,他找到了生产厂家,在开业前一个月顺利地掌握了酱料的配方。

解决问题 3:营业推广

陈某的店铺位于盐城市滨海假日广场,10 月 1 日当天就有 3 家店同时开业,方圆不过百米,一个月之内新开业的就有 6 家,这一条街火锅、干锅、焖锅、香锅、自助火锅、一人一锅应有尽有。如何突出重围,撑过最初的一个月成了陈某的头等大事。

指导意见:SWOT 分析,找出自己的优劣势,用新思维来创造新的成绩。

陈某经过细心认真的 SWOT 分析评估,发现同行以 40~50 岁的人居多,与之相较,自己的阅历、经验都处于劣势,想从他们嘴里分一杯羹不容易。这么多店老板,就他岁数最年轻,这可能是自己的优势。同行们在移动互联时代的信息端处于劣势,还没有互联网消费意识和习惯,而首尔焖锅的目标市场很明确,就是年轻人。目前,年轻人吃饭第一件事情就是打开团购网站,诸如糯米团、大众点评、美团网等,团购已然成为年轻人消费的趋势。

第一步:团购突重围。开业正逢国庆黄金周,利用低价团购突出重围,10 月销量位居美团网滨海时代广场的第一名。经过一个月的过渡,生意逐渐火爆,注重口碑营销,在大众点评和美团网上评分较高,顾客满意度好。

第二步:黏性营销。他还针对已经在团购网站上团购过的顾客做"黏性营销",顾客扫一扫店里的二维码就可以关注首尔焖锅官方微信,把顾客留下的微信整理成数据库,定期向顾客推送优惠活动。微信公共平台不仅把优惠的详细情况进行展示,还可以把往期的团购情况做个简单的说明,和客人形成良性的互动。

第三步:开创焖锅蓝海。从市场的竞争角度看,由于传统餐饮市场竞争日益加剧，使他不得不另辟蹊径，开创自己的蓝海，而团购渠道相对而言，竞争不是十分激烈。从营销操作层面上，选择从团购作为突破口主要有三点：第一，目标集中、消费集中，尤其节日期间表现比较突出。第二，利润可观，资金循环快。团购一般是现款交易，账期较短，资金周转快，相对而言，营销费用较低。第三，营销环节少、操作简单。团购与向个体消费者的营销不同，做个体消费营销的过程比较复杂，而团购中间环节较少。

指导效果

从最初的租房子、装修到购置物品，以至开业营销策划，大到一个桌子，小到一个灯泡，无论什么事，都是亲力亲为。"首尔焖锅"开业第一家店位于盐城市滨海县新时代美食广场，投资金额15万元，现有员工3名，年营业额40多万元。目前，首尔焖锅第二家分店正在紧张筹备中，面对不断倒闭或转型的同行，他依然执着于自己的计划，创业的梦想终将开出最灿烂的花朵！（江苏省无锡商业职业技术学院旅游管理学院　沈敏）

从"小饭店"到"大餐厅"的蜕变

小孔是辽宁工业大学设计专业的一名普通学生,毕业后先到设计院工作,工作虽然比较稳定,但他不甘心平淡的生活,于2014年辞职创办了一家不足百平方米的小饭店"虾蟹涮煮",每天都是忙忙碌碌,可一年下来除掉房租、工资以后却没什么盈利,小孔有些力不从心了,是继续经营还是改行转做其他?是再开连锁店,还是扩大规模?是去租档口经营,还是进学校开个食堂?一系列问题让他陷入进退两难的境地。恰逢此时,小孔遇到了大连市人社局创业导师林老师。

问题诊断

通过去店内实地考察和与创业者小孔的交流访谈,林老师分析出小孔创业过程中急需解决3个问题。

一是小孔需要更大的事业平台去发展,但缺少提供平台的渠道。小孔性格偏内向,自从毕业后就从事相对比较安静的设计工作,缺少人脉关系渠道,尽管已经有一年多的创业经历,但接触人脉相对有限,缺少扩大事业的有效渠道。

二是缺少升级的基本条件,如场地、资金、模式、渠道等。小孔的饭店较小,虽说"麻雀虽小五脏俱全",但再想升级,场地如何解决?扩大事业所需资金如何解决?扩大后采用什么模式?市场渠道如何打开等都是问题。

三是小孔的创业项目需要"扶上马,送一程",创业导师需要对项目进行跟踪辅导。小孔虽说是大学毕业,但创业刚刚开始,只靠短时间内听听指导是难以成功的,在开阔了视野、听懂了道理、看清了方向之后,还必须有创业导师带着走上一程,而且有些事情还需要有人替他解决才行,因此,必须"扶上马,再送一程"。

创业指导

了解了小孔的创业项目的基本情况后,作为"首问导师",林老师从大连人社局创业导师库中筛选了"融资""餐饮""营销"方面的导师,针对项目情况,开展了系列帮扶工作:

一是项目升级转型,释放股权融入新资金。资金问题对于小孔来说是首要难题，虽然创业一年有余，但是却收益不高，单靠小孔的个人力量很难实现投资升级。针对这一问题，创业导师建议小孔将项目升级，由一家小饭店的经营思路变成一家专注于写字楼健康餐饮解决方案提供的中央厨房。随后，小孔注册了新公司，将中央厨房命名为"食时物"健康餐厅，同时又释放了一部分股权融入新的资金，还与大厦物业方达成租金缓交的租赁方案。至此，升级面临的资金问题总算解决了。

二是解决场地问题，为创业者对接更大的平台。大连网络产业大厦位于大连高新区黄金地段，周边写字楼林立，该大厦楼内办公人员就超过1200人。一方面，大厦内原有小食堂不足$200m^2$，菜品比较单一，根本满足不了大厦内员工需求，大家中午吃饭要外出或点外卖解决；另一方面，由于消防问题，大厦2000余平方米的地下室一直空闲，如果将其改造后作为中央厨房是再合适不过了，创业导师建议小孔租下地下室作为餐饮新平台，消防系统改造由小孔和大厦管理部门共同承担。

三是有效的市场推广，拓宽中央厨房的服务范围。

虽然周边写字楼餐饮配套不足，但全靠周边的客源满足不了$1600m^2$中央厨房的供应能力，创业导师们再次发挥了团队力量，与大连市旅游协会取得联系，由于大厦地理位置佳，又有良好的停车条件，是旅游团团餐的理想选择，在旅游协会的推介下，多家旅行社将团餐定在了"食时物"健康餐厅。同时，经过不断推广，越来越多周边的学校、写字楼、企业成了"食时物"健康餐厅的客户。

指导效果

经过导师们的精心指导，创业者小孔和他的"食时物"健康餐厅已迈入正轨，用健康、卫生、舒适的就餐环境，让顾客在"食时物"吃得舒心、放心、安心，赢得了消费者良好口碑的同时也实现自身项目的成功转型：

2016年7月注册成立大连康德餐饮管理有限公司；

2016年9月与网络产业大厦签订入住合同；

2017年2月获得股权融资20万元；

2017年3月位于网络产业大厦的"食时物"健康餐厅正式对外营业；

2017年4月实现摊位招租12家，租金收入60万元；

2017年5月实现日接待顾客超过2200人次；

2017年6月正式接待旅游团餐；

2017年6月开始外埠加盟扩展工作。（辽宁省大连市人社局创业导师　林志高）

小盆栽　大梦想

　　杜非，2012年毕业于衡水职业技术学院，作为一名学习美术专业的学生，最初的梦想是励志成为一名设计师，然而当他在毕业后进入电信下属的设计公司后，发现在那里并不能完全展示自己。他想辞去目前的工作自己创业，但是又没有勇气，正当他犹豫不决，不知如何抉择时，遇到了他现在生意的合伙人董守智，至此他们的生活彻底改变了。

　　二人是初中同学，董守智在2012年留学回国时就萌生了创业的想法，正好与杜非的想法不谋而合，但由于双方家人反对，所以二人的创业计划就搁置下来了。虽然计划不能马上实现，但创业的想法没有改变，两年后，董守智与杜非又重新聚在一起，准备开始他们的创业之路。

河北飞庆农业科技有限公司创业者杜非（左）和董守智（右）

2016年年初他们通过"城市农庄"项目，正式进驻"邯郸市大学生创业园"。"城市农庄"项目主要是利用微信和电商平台销售果蔬和生鲜，转变传统的销售模式，减少中间环节，使农户、老百姓和销售平台三方受益。通过互联网让农户与客户面对面，使农户缩减了销售时间，降低了成本，也让消费者得到了真正的实惠。

初创时，他们怀着满腔的热血，联系农户、搭建平台、进行市场推广，但在项目推进过程中逐渐发现邯郸与一线城市相比既有优势，也有劣势，优势在于物价成本低，劣势就是物流快递系统没有大城市那样发达。"城市农庄"运营过程中的首要难题就是物流问题。顺丰、申通、圆通和韵达等快递公司认为他们运量太小把他们拒之门外，杜非他们就只能利用当地一些现有的运输网络，但问题是成本太高，如利用鲜奶送货员，由于属于公司与个人的行为，所以送货员收取的劳务费较高，送一户需要支付送奶员5元的费用，所以在运输环节上投入了大量的资金，以至于产品上市以后成本要比其他已经成型的生鲜电商的产品高出一倍多。但真正让这个项目最终无法进行下去的还是货源的供应问题，因为他们把农户这一环节想象得太过于理想化，在与农户签署了农产品供应合同后并不是所有人都能按照要求去种植蔬菜，这就出现了严重的货损问题，每次从农户手中收来的蔬菜货损率都高达35%以上。由于农户不按合同种植，导致商品推向市场销售后不能及时补货，造成了大量客户流失的现象。

由于杜非和董守智前期没有做好市场调研，直接把在一线城市成功运作的商业模式生搬硬套到了邯郸，结果把他们二人在工作时积累下来的32万元资金，一口气花掉了一半多，造成了他们在资金上的空缺，虽然也有了一些固定客户，但是对后期市场的拓展已经是心有余而力不足了。

盆栽蔬菜产品陈列

问题诊断

一个优秀的创业项目需要经过市场调研、发现构思、构思分析等步骤，创业初期杜非他们进行的市场调研比较局限，并没有走出去，这样就限制了创业者的格局，无法认清形势，照搬了北京同类行业成功的商业模式，没有根据当地情况对经营模式进行改良。在经营中他们只想到了如何销售商品，但忽略了商品自身的重要性，只有先确定了货源，才能制定相应的销售方式和经营模式。

创业指导

盆栽蔬菜种植基地

一是进行市场调研。通过市场调研获得更多的市场信息，更容易弥补信息的不足，改变自身的格局，为企业的决策和调整策略提供客观依据。还要从中不断地发现市场机会，开拓新的市场领域，只有找准市场定位，才能更好地满足顾客的需要，增强企业竞争力。

二是验证企业构思。运用SWOT分析，验证企业构思是否可行。通过分析，发现大学生创业者自身的知识、活力、创意的优势较强，可以抓住绿色养殖市场机会，但要协同政府对大学生创业的政策帮扶，从而克服自身的经验少、资金不足的劣势，才能认清市场竞争的威胁，制订相应的计划。

三是线上线下相结合。线上宣传与线下推广"同步走"，现阶段的中小型企业多数以电子商务为主，大家所想到的都是在网络上销售自己的产品，从近一段时间的市场反应来看，很多消费者还是对能看到的产品消费欲望更强烈，尤其是处于生鲜电商领域，这个现象更为突出。

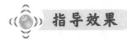 **指导效果**

通过创业指导师的指导，杜非和董守智重新进行了市场调研，也借鉴了其他同等城市对于农业生态园的做法，虽然邯郸当地的农业生态园发展相对落后一些，但是人们对于绿色蔬菜以及安全食品的渴望与日俱增，通过接触知名绿色蔬菜企业后，他们推出了适合邯郸本土化运营的新模式，让邯郸人餐桌上的蔬菜更绿色、更健康，就是将"城市农庄"和"盆栽蔬菜"相结合，经营模式也从原先的 B2C 转变为 B2B。

企业现阶段已达成了与超市、饭店的初步合作，销量大幅提升，每个月可销售盆栽蔬菜近2000盆，而且有些饭店已经把盆栽蔬菜作为主打菜系，很多客户都是奔着盆栽蔬菜去的。接下来，他们计划通过之前推广所积累下来的一些客户，进驻便利店以及小区的服务中心，让盆栽蔬菜能更快速地进入到每一个家庭。

在货源方面，他们还组织了大型商品品鉴会，对"盆栽蔬菜"进行推广，让更多的农户了解它的技术和优点，投入到种植盆栽蔬菜中来，再利用邯郸地处四省交界的地理优势，快速向其他三省推广，尽快将盆栽产品进入规模化和产业化模式。（河北省邯郸市创业指导中心　杨欢鹏）

团队建设篇

单丝不成线，独木难成林。创业不同于职业，强调对个人成长路径的描述，它体现的是一群志同道合的人为了同一个梦想在向死而生的路上熬过充满犹豫与焦灼的黑暗的颂歌。但有人的地方就有江湖，更何况创业这一经济活动，参与的人越多，发生问题的概率就越大。无论早年的"万通六君子"、新东方的"三驾马车"，还是当下西少爷的两位"少爷"，创业团队问题一直伴随着企业的产生、发展，甚至死亡。而对于年轻的大学生创业者来说，创业更是孤独与残酷的，尤其当问题发生在他（她）赖以慰藉的团队身上。本篇列举了一些发生团队问题的创业案例，看看创业者是如何在老师的指导下慢慢学会正视、接受并解决好团队问题。

团队重建让飞炫彩球"炫"到国外

张连玉,毕业于中国矿业大学机电学院,在校期间活跃于科技协会等社团的各种活动中,曾获得过中国机器人大赛二等奖。毕业那年,他选择了和校友一起创业,主要从事自动化相关产品的研发工作。经过一年的实践,大家感觉自身技术不太过硬,创业团队随之解散,第一次创业也以失败告终。为了弥补自身不足,开拓技术视野,感受不同企业文化,张连玉选择独自去大城市工作,开始了他三连跳的技术打工生活。由民企到国企再到外企,张连玉的职业生涯越走越顺畅,但他心中始终坚持那个创业的梦想。

2009年,张连玉决定再次创业,经过市场调研后,他和三位大学同学一起开始了创业,张连玉是公司法人代表,他们创建的科技公司专注于LED显示产

创业者张连玉

品研发、生产及销售服务，其中飞炫彩球是公司主打产品之一。公司创业之初的定位就在于"大公司看不上，小公司做不了"的业务，LED产品行业极为细分，技术难度跨越机械、硬件、软件三个领域，很多中小公司不太愿意去研发这么麻烦的产品，大公司又看不上这个细分市场，但这正是他们的机会，他们的中短期目标就是在这个小小领域做大做强。

创业之路开始都是异常艰难的，他们遇到了资金严重不足、技术研发停滞等一系列问题，经过一年的研发，他们的产品推向了市场，借助当地政府新出台的一系列优惠政策，他们获得了大学生创业园科研项目无偿资助、免费的办公场地、市科技项目资助、税收返还、社保补贴等一系列近20万元的资金支持，这些资金使公司的财务问题得以初步缓解。公司发展稍有起色，他们在主营业务之外，又增加了机械加工业务，给几家外企供应配件，并提供维修和加工服务。新业务刚开始时给他们带来了可观的收益，月营业额最多时可以超过30万元，但好景不长，由于客户调整经营模式加上负责此项业务的合伙人投入精力不足，这项业务逐渐变差，最后导致公司整体亏损。虽然经过2011年下半年的调整，随着电子产品业务量的增长，公司亏损减少，但他们仍然无力偿还之前通过贷款投入的研发本金，合伙人之间出现了较大分歧，每月产生的贷款利息全部由张连玉独自承担。看着不断增长的负债，这个年轻的创业团队感到了巨大的压力。由于其他合伙人各自都有自己的主业，基本不太过问公司的各种事务，张连玉意识到合伙人的问题终将成为公司发展的一大瓶颈，经过痛苦的思考和决断，几位合伙人将公司业务进行拆分，谁负责的技术项目谁带走，作为公司的主营业务——LED飞炫彩球项目则折合成现金分给合伙人，从此张连玉开始独自面对LED旋显产品的研发和经营问题，此时张连玉充分认识到合伙人选择的重要性。

问题诊断

一支优秀创业团队的组建需要经过评估人才需求、寻找合作伙伴、落实合作方式等几个步骤，要兼顾适配性、互补性、高效性、动态性几个原则，这支创业团队的成立显然欠缺这些因素。张连玉创业团队成员共有4人，创业团队成员全部是技术人员出身，他们的优势在于研发实力强，技术分工明确：甲同学是兼职创业者，在一家事业单位工作，平常利用下班时间做技术，主攻软件和三维技术；乙同学在深圳开了一家电子公司，平常除了开发技术产品，还要顾及深圳公司的运作，主攻嵌入式产品；丙同学全职工作，专门从事单片机技术开发；张连玉则主攻机械和产品整体设计。4名创业团队成员技术上的互补，保证了产品研发的顺利进行，但是对于一个企业来讲，只有技术是远远不够的，由于他们都是技术人员出身，这也决定了他们在管理、市场、财务等方面的弱势。只有当创业团队成员之间在知识、技能、经验等方面具有互补性时，双方才有可能通过相互协作发挥出"1+1＞2"的协同效应。

这支创业团队在组建之初也没有建立起责、权、利统一的团队管理机制，没有形成有效的团队管理，使得在出现财务危机时，由一人独自承担，且在团队成员的行为出现偏差影响团队发展的时候，没有制度能够做出有效的约束，保证团队的有效运转。

创业指导

一是重拾创业信心。由于张连玉是二次创业，在初创团队解散前后被各种复杂的情绪困扰着，迟迟无法平复，在创业指导师有效的心理疏导帮助下，张连玉重新建立起了信心，开始了第三次创业。

二是合理组建创业团队。对于科技型创业企业，创业团队要体现三方面人才的有机结合，即优秀的管理者、优秀的技术者、优秀的营销者，团队成员间的互补、协调可以有效降低企业管理风险，提高管理水平。同时，创业团队在组建初期就要注重凝聚力、合作精神、立足长远目标的敬业精神的培养，这些可以帮助创业企业渡过难关，加快成长步伐。根据企业发展的实际需求，建议张连玉通过理性组建策略重新组建了团队，制定系统的创业团队管理规则，妥

江苏米孚自动化科技有限公司生产的旋转彩球系列产品

善处理创业团队内部的权利关系，构建起创业团队的制度体系，通过管理机制使责、权、利达到统一，将每一个创业团队成员的优势发挥到极致，保证企业的有效运转。

指导效果

痛定思痛，经过一段时间的调整，张连玉重新组织团队，成立了大学技术联盟来研发新产品，对相关业务进行了整合，消减了经济效益不理想的项目，经营一段时间后公司的状况明显有了改善，现在公司已具备精致而稳定的研发、生产、销售团队，生产和开发的产品具有自主知识产权。截至目前，公司已获得了国家级实用新型专利6项，外观设计专利1项，以及飞炫彩球商标著作权。张连玉的江苏米孚自动化科技有限公司多次被评为徐州市大学生优秀创业企业，吸收了20名就业人口，其中大学生占了一半。公司的销售额也从最初的十几万元逐渐增长到几百万元，公司逐步进入稳定发展的阶段，产品远销十几个国家，值得骄傲的是，他们生产的彩球在国内国际一些重大活动中被多次使用。（江苏省徐州市大学生创业服务中心　王枫）

如鱼儿般勃勃生机　似水草般郁郁葱葱

——"佐许生物"展开腾飞的翅膀

朱翔出生在上海市闵行区一个普通的工人家庭。他有个患有严重先天性心脏病的哥哥。朱翔的母亲腿部残疾，父亲的身体也不好，一家四口日子过得紧巴巴的。可屋漏偏逢连夜雨，在朱翔8岁那年，父亲又因工伤丧失了劳动能力。小时候的朱翔看到的就是残疾的母亲为了维持这个家庭而里外忙碌，懂得金钱对于他们家是多么的重要。所以，大学时期的朱翔就开始琢磨怎么赚钱了。他刻苦学习，为的是能拿奖学金；他积极参加一些有报酬的社会活动，为的是能赚点钱来贴补家用。

朱翔从小喜欢花鸟鱼虫，尤其喜爱观赏鱼。但囿于家中经济条件只能"小弄弄"。但即使这样也让他弄出了点小名堂，成了小伙伴中的"大人物"，大人圈里的"小朋友"。朱翔读大学的时候正是电子商务铺天盖地、蓬勃发展之时。面对汹涌而至的网购大潮，一心想赚点钱的朱翔也开始在淘宝上出售观赏鱼和水草。他的想法很简单：一来可以增加自己的收入，二来可以了解顾客的需求，及时调整品种的培育和引进。小店推出后生意好得出奇，没多久就让他还清了助学贷款，并攒下了"扩容"的资本。

朱翔学的是电气自动化，就业方向应该是大型国企。他是班长，又年年拿奖学金，所以几乎没有为就业担过心。可命运偏偏和他开了个玩笑。就在单位面试的前一天，他病了，高烧不退、神志不清，以至第二天竟然睡过了头，耽误了面试。就这样，全班39名同学38人高高兴兴地走上了工作岗位，唯独他这个班长掉了链子。

本来，朱翔内心深处就割舍不了和鱼草的那份情，如今命运又做了这样的安排。这以后，朱翔一心扑到鱼草的事业中，并于2011年10月开了家水族馆。

正当朱翔想大干一场时，麻烦却不期而至。创业后的朱翔总想尽快开展优良品种的大面积繁殖和养殖，尽快打开局面。可很快他就发现，大面积繁殖、养殖和他之前的"小弄弄"完全是两回事。他的发展计划受到了严重的挫折。最初，他还想和合作伙伴一起闯关，可一次次试验的失败让他渐渐失去了信心，甚至有了急流勇退、改弦易辙的想法。

问题诊断

朱翔主要是对企业发展模式和发展进度把控不当。对于朱翔来说，创业刚刚起步，并不具备大规模大面积繁殖养殖鱼草的条件。可他又偏偏想"一口吃成个胖子"，总希望凭借现有的设备去突破一些技术上的难关，从而获得更多的利益，取得更快的发展，这在现实中是行不通的。因此，当务之急是要制定近期发展目标和长远规划，指导他合理使用现有资金和资源，维持合理的企业规模，切合实际地开展业务。

创业指导

一是合理开展业务，对无法履约的订单该退的退，该赔的赔，结清前账，重新开拔。

二是将员工队伍维持在合理的水平上。

三是加大现有品种的培育和销售，继续在小范围培育优良品种。

四是制定长远发展规划，并在技术、设备、资金、场地各个方面及时跟进。

想尽快发展自己的事业没错，但必须面对现实，把事情做实。好比你想培养一支足球队，首先要有足球场，你不可能在篮球场上训练出一支足球队。暂时没有球场怎么办？你可以让你的队员先在马路上练长跑，先把体能练上去。也就是说，在条件不具备的情况下，你还是有很多事情可以做的。同样的道理，现在你不具备大规模大面积养殖繁殖鱼草的条件，是否可以考虑在鱼草优良品种的培育方面多下点功夫。今后一旦条件成熟，你既拥有优良品种又能大规模养殖，就能形成质量和数量上的双重优势，就能抢得先机。

朱翔接受了创业指导师的建议，在经过一番调整后慢慢走出了困境。两年后，他终于建起了自己的养殖基地，具备了加速发展的条件，开始大规模、大面积繁殖养殖鱼草。

朱翔的生意越做越大，他不仅建起了自己的养殖基地，开出了门店、连锁店和网店，员工人数也一度发展到60多人。员工中有搞养殖的，有搞网站客服的，也有从事店堂服务的。由于朱翔几乎将所有的精力都扑在业务开拓方面，不重视企业文化和团队精神的培养，忽视了感情交流和感情投入，工作中也缺乏有章可循的奖惩制度，结果，员工队伍一度出现了纪律松散、不思进取的现象，甚至形成了几个互相拆台的小帮派，破坏了和谐的气氛，很大程度上影响

朱翔的"佐许生物"

了业务的开展。为了严肃纪律，朱翔决定整顿。但采取的方法又过于简单，不是训斥就是罚钱，有的甚至被扫地出门。一时间，企业内部人心惶惶，表面上似乎都怕朱翔，实际是觉得他不可理喻，不少人甚至准备离开公司。面对这样的局面，朱翔既委屈又着急，觉得自己早起晚睡、忙里忙外，没有半点老板的架子，却得不到大家的肯定和拥戴。

问题诊断

一是没有严格的奖惩制度，奖惩全凭自己一张嘴、一句话，缺乏根据，无法让员工口服心服；

二是没有营造一种充满正能量的、促进企业更好发展的文化氛围，员工队伍缺少向心力、凝聚力；

三是不重视感情交流和感情投入，劳资间缺少人情味；

四是没有专职 HR，大事小事一把抓，不利于企业的长远发展。

创业指导

针对以上问题,创业指导师给出如下建议:

一是设置专职HR,全面负责企业招退工、社保费缴纳、企业文化营造、员工思想工作等;

二是制定量化的、可操作的奖惩制度,让每个员工在受到奖惩时都口服心服;

三是利用员工生日、国定节假日等机会加强与员工的感情交流;

四是组织员工参加一些社会公益活动,增强他们的社会责任感、使命感和成就感。

指导效果

目前,佐许生物科技有限公司已设置了专职的人力资源干部,制定了有章可循的规章制度。公司在积极参与社区文体活动的同时,也经常开展一些职工喜闻乐见的活动。员工队伍团结,劳资关系和睦,保证了业务工作的正常开展,还推出了"养不死鱼"的智能鱼缸,吸引了线上、线下众多的目光。(上海市闵行区就业促进中心 毛祥和)

核心员工辞职　亡羊补牢犹未晚

刘勃，曾就读于鲁东大学艺术设计专业和中央美术学院艺术系。2007年毕业后，被国内一家知名的装饰公司看中，担任设计师和培训老师，2010年已成为公司主力，收入也很稳定。2010年3月1日，毅然开始自己的创业之旅。

创业之初，适逢一家艺术学校装修，已经找了20多家公司选择设计方案，但都不满意。刘勃第一时间联系了学校，学校答复说："要是你愿意的话就过来看看吧！"他赶紧跑过去实地查看。用同行的话说，那房子很"变态"，七百多平方米，本身形状就不规则，中间还密集地分布着十几根柱子，歪歪扭扭的。房型本身就是块"难啃的硬骨头"，经过反复认真测量，刘勃才获得了最精准的数字。在20多家设计公司提供的方案中，学校比较看好的一个方案是将靠窗户的一侧设计成走廊，这样每个刚走进学校的人都会觉得十分明亮，但这样一来三十多间琴房就要全部做成"暗房"。而刘勃做的设计却完全相反，他把琴房安

创业者刘勃

排在靠近窗户的一侧,把走廊放在内侧,琴房与走廊之间的门可以采用磨砂玻璃,增加走廊的透光率。他给对方算了一笔账,琴房做成"暗房",每个房间都需要开灯。如果每个房间安一盏20W的灯,每天8h,30个房间一年需要1000多度电,长年累月下来电费不是个小数目。不仅站在客户的位置上去考虑问题,刘勃甚至还多管闲事,他听说学校要买一个2.5m长的前台,便找到学校负责人,分析学校能招收1000多名学生,接电话、收款、接待等,至少需要3个人,2.5m的前台太挤了,建议买3m的前台合适。刘勃接二连三的多管闲事,让艺术学校的负责人感叹:"你比我想得还多呀!"但也正是这些"多管闲事",让刘勃顺利拿到了这笔大业务。

企业在运营过程中,刘勃可谓是一身兼多职,作为公司的负责人,从跑项目到搞设计,从选工人到施工监督都亲力亲为。随着企业逐步步入正轨,刘勃考虑找个得心应手的员工负责项目实施,而自己可以集中精力在外跑项目。刘勃从公司物色了一名较为优秀的员工李强,手把手地对他辅导栽培,在他能在项目施工管理上独当一面时,刘勃便放心地将项目施工等业务交给李强打理,而自己则专门在外跑业务,争取项目。刘勃专攻客户,加上公司"主人翁式的装修责任感、管家式的装修服务"的好口碑,使公司发展"如日中天"。此时,他的得力助手刘强却提出了辞职。刘勃极力挽留无果。核心员工突然辞职,让

刘勃为客户讲解设计理念与思路

刘勃措手不及，对于公司目前运营的业务也感到无所适从。

问题诊断

通过案例可以看出，刘勃的个人能力很强，懂设计，又有从业经验，样样事情都亲力亲为，在工程进度上每个环节都严格把控，确保施工质量。刘勃善于开拓市场，在客户中的口碑非常好，而且也讲诚信，但是刘勃的劣势也很明显，欠缺团队建设意识，缺少相应的企业内部管理制度、员工晋升通道。

创业指导

首先，找出"病因"。针对刘勃在创业过程中出现的问题，目前首要解决的就是明确员工辞职的真正原因，再做改进方案。在创业指导师的指导下，刘勃开始反省以往的管理行为，一些片段在脑海中闪过：想起刘强曾说过他的梦想是当一名优秀的设计师；想起在安排他到现场协调工人施工的不悦；想起他在帮客户选材后的牢骚……这些小细节刘勃都忽略了，认为能者多劳，像李强这样优秀的员工，应该多多锻炼，为以后的发展打下基础，为此刘勃和李强之间

团队成员办公场景

并没有进行过更多深入性的沟通。由此可见，刘强辞职的真正原因是：不满意任务分工，认为琐碎的工作分散了他设计工作的时间和精力。其实刘勃的本意是好的，是把李强作为管理层来培养的，但是由于与同事沟通得少，因此失去了一名核心员工。

其次，改变管理方式。一是注重与员工的沟通，建立了例会制度。定期组织公司聚会，举办丰富多彩的联谊活动，让员工畅所欲言，加强彼此的沟通交流。二是换位思考，尊重员工意愿。让自己站在员工的立场上考虑问题，而不是简单地以个人主观意志来决定员工的发展。三是实施高层留人战略。制定奖励办法，对工作 2 年以上已经成长的员工采取股份奖励、分红奖励的办法，做到长期留住员工的人和留住员工的心。

指导效果

优秀稳定的创业团队是成功的一半。创业之初，选好人，选对人，组建得心应手的队伍很重要；步入正轨后，如何管理团队，如何留住好员工，尤其是核心员工则更加重要。通过以上制度的改进举措，刘勃的公司运转良好，员工也慢慢找到了企业归属感，流失率很低，公司业绩自然也大幅度提升，第二年的营业额就达到了 300 余万元。（山东省烟台市劳动就业办公室　曹文兰）

优化创业团队结构　迈出创业坚实一步

王洋，毕业于北京化工大学，在校期间就有着创业的梦想，学习社会保障的他想利用自己的专业知识在创业大军中一展拳脚。但是在与几位关系较好的同学商量后，王洋发现同学们对于创业都有些犹豫，直到毕业他也没有找到合适的合伙人。由于缺乏团队的支持，王洋认为仅凭他一个人的时间精力以及资金无法完成创业的梦想，他决定先找一份工作，积累经验，提升一下个人能力。

2014年，王洋应聘到一家劳务派遣公司工作，在这期间他认识了同事郭耀宗。郭耀宗毕业于一所工科院校，2011年毕业后来到北京闯荡，目前在公司做社保业务接线员。两人都是各自部门的业务好手，在工作接触中慢慢认可了对方，经常一起畅想未来，没想到王洋创业的梦想与郭耀宗不谋而合，还得知他

创业者王洋（左）、王亚男（中）、郭耀宗（右）

之前就有过几次创业的经历，随后经过二人商量，打算一起合伙创业。

在创业项目的选择上，他们选择了比较熟悉的社保代理，北京有2100多万常住人口，社保对于每个人来说都很重要。他们用几年工作攒下来的10万元钱注册了公司，平均分配股份，王洋为公司法人。郭耀宗负责业务拓展，王洋则负责技术保障，两个信心满满的小伙子就此结成团队开始创业。创业之初，寻找目标客户是他们面临的首要难题，由于团队人手不足，不论是个人客户还是企业客户发展进度都很缓慢，同时由于社保代办业务的特殊性使他们在获取他人信任上也遇到了困难，公司业务一度陷入了僵局。他们尝试雇佣了两名员工加入团队当中负责宣传业务推广和拓展客户。但几个月后，非但没有盈利，就连最开始的10万元起步资金也由于公司注册、租房、雇佣等事项支出耗费近半。面对眼前的困境，王洋和郭耀宗产生了分歧，王洋认为既然在获取客户上遇到了问题就要转变思路，应该积极联系以前工作时的客户，因为彼此有过业务接触，能够更快地建立起信任关系。郭耀宗则认为发展以前的客户也会遇到企业知名度低、难以取得信任等诸多问题，不如通过各种途径吸引新客户。几次争论都是不欢而散，最后性格较为强势的王洋说服了郭耀宗，二人开始积极联系之前工作时认识的老客户，经过不懈的努力他们终于接到了第一单委托合同，公司的业务也慢慢开始有了起色。半年后，他们又增加了几十位个人客户。但是在这期间，两位合伙人经常因为一些小事产生分歧，虽然最后都达成了统一，但二人也因此产生了不少矛盾，合作关系开始变得紧张起来。

问题诊断

近年来，随着创业竞争的加剧、创业节奏的加快、人才争夺的白热化，多位创始人联合创业的现象已成为大的趋势，而且从实践出发，联合创业的成功率也要远高于个人创业。王洋在大学时期由于没有合适的合伙人而未能实现他的创业梦，工作中，王洋和郭耀宗虽然不在一个部门，但是二人由于性格、人品、工作能力慢慢相互认可，成为朋友，并最终成为创业上的合伙人。郭耀宗在不到二十岁的时候就已经开始尝试创业，声乐专业的他在乐器制作和销售行业一度小有名气，但是由于企业规模和知名度上的短板最终改行，但早年间创业的经历让他在业务拓展和人际交往方面积累了很多经验。王洋则是社会保障专业出身，相关理论知识丰富，在认识郭耀宗前，也辗转去过几家公司，对于社保代理业务有着很深的理解。郭耀宗性格外向，思维敏捷，沟通能力强；王洋较为内向，成熟稳重，业务水平高。这个创业团队虽然只有两个人，二人性格和业务能力都能够互补，在创业初期没有出现什么问题。

这个团队有着良好的互补性，在创业之初共同发力，能够发挥出良好的协同效应。但是创业团队中的两人股权平分、权力结构过于平等的情况也成了他们之后的创业道路上的一个障碍。当二人在公司发展当中出现分歧，短时间内谁都无法说服彼此，就容易造成决策迟缓，延误时机，甚至合作关系破裂。

创业指导

第一步，正确认识当前合作模式的缺陷。由于王洋的创业是他从大学时就有的梦想，他非常珍惜这次的创业机会以及他的合伙人郭耀宗，所以当他发现他们逐渐增多的矛盾以及逐渐紧张的关系时，他感到很困扰，但是不知道怎么改变。在创业指导师对二人分别进行分析后，他们也都发现了二人合作的模式以及股权平分存在弊端，会影响决策效率，长此以往将会产生更大的矛盾。他们需要产生一个领导者，改变当前现状。

第二步，优化创业团队构成。当前创业团队中的两位合伙人一主内、一主外，在知识、技术上都具有互补性，这是一个优势。而二人在创业过程中出现的矛盾主要是认知性冲突。认知性冲突指的是团队成员在创业过程中出现的意见、观点和看法的不一致性。这种冲突其实是一种正常现象，将有助于改善创业团队的决策质量。但是王洋与郭耀宗在不断地产生认知性冲突的同时，也不可避免地逐渐带上了个人情绪，从而产生了情感性冲突。情感性冲突会影响团队有效地进行创业活动，阻碍开放的沟通，甚至动摇创业团队关系。

创业者与某公司人力资源部工作人员洽谈业务

根据当前企业发展的实际问题，建议王洋和郭耀宗优化当前团队构成，重新制定股权分配结构，改善团队的权力结构。

指导效果

经过一段时间的准备，王洋和郭耀宗成功引入第三位合伙人——中国政法大学毕业的姑娘小刘，形成王洋负责企业管理、技术支持，郭耀宗负责策划和市场拓展，小刘主要负责业务和行政后勤。股权分配上郭耀宗将自己的股份部分转让给了小刘，使得王洋股份占比最大，从而促进决策效率。由三方形成的更加稳定的关系和彼此的互补性使得创业团队的结构牢固，公司发展得越来越好。截至目前，公司已经发展了近300位个人客户，提供社会保险代理缴费、公积金代理缴费、档案存放、实习单位推荐、大学生就业指导等多种服务。同时，针对企业客户提供劳务外包业务，公司的年营业额达到了30万元。王洋的创业梦想实现了，通过对创业团队的优化，他在创业之路上迈出了坚实的一步。

（北京市东城区建国门街道社保所　崔艺）

开放式教学理念在家乡开花结果

崔焱瑶是英国谢菲尔德大学城市设计专业的在读研究生，国外的学习背景让她对中西方教学理念及模式产生了深刻的思考。英国教学课堂中注重学生创造力、团队合作能力、逻辑思维能力等方面的培养，有一次崔焱瑶参加英国小学生建筑设计比赛的辅导活动，发现英国小学生的动手能力和实践能力都很强，她意识到其实创造力的培养需要越早越好，也正是因此，英国的小学将这些能力的培养看作是课堂教学很重要的一部分。受到应试教育的影响，这些能力恰恰是我国青少年在课堂教学中所缺失的部分。这种差异性让她萌生了一个创业想法"青少年创造力培养"。

崔焱瑶为孩子们讲解思维导图的生成，并与他们讨论头脑风暴的结果

2017年4月崔焱瑶回到国内，也同时开始尝试着将自己的创业想法落地。7月份她与英国的两位同学开始了创业之路，受到英国教学模式及她所学专业的启发，崔焱瑶结合青少年感兴趣的话题编制成教学体系。教学内容以不同主题的设计项目为依托，包括：工艺品设计、故事书设计、废弃物改造、服装设计、空间改造等，这些设计项目均以团队合作的形式展开。每个独立的教学项目有特定的周期，并分为10个不同的阶段：头脑风暴、调研、方案讨论、项目制作与汇报等。通过这种教学模式达到培养青少年创造力、团队合作能力、语言表

达等多方面的能力,以一种全新的课堂形式让孩子们体验创造力培养的过程。

2017年7月21日,崔焱瑶作为企业法人在佳木斯市大学生创业社区注册成立公司,在佳木斯市就业局的帮助下,企业获得了免费的办公及教学场地扶持,这对于她来说解决了很大的难题。但在接下来的招生宣传上并没有她想象中的那么简单,项目推广初期很多家长表示对这种形式的教学并不了解,对一个新的教育机构和一位年轻的主讲教师表示怀疑。由于其他两位创业合伙人都在国外,因此项目推广工作落到了她一个人身上,加之离开家乡多年,在当地没有交际圈,使得项目推广举步维艰,在推广的过程中处处碰壁,尝尽了苦头。为了让更多的青少年和家长了解她们的教学项目,崔焱瑶选择了开始做免费的培训课程,面对工作室一直不盈利的状态,她的合伙人们开始怀疑她的这个创业项目,甚至不想再坚持做下去,工作室一度面临着解散的危机。

问题诊断

创业初期对于任何一个企业来说都是艰难的。能够认识到问题所在,有针对性地解决是关键。一个创业项目成功与否不只是靠技术团队,也需要一支优

"青少年创造力培养"工艺品设计课堂指导

秀的推广营销团队和企业管理及规划团队。在崔焱瑶的这支创业团队中团队成员之间没有互补性，因此在团队合作中缺乏高效，从而在公司运营的过程中出现了障碍。虽然这支创业团队中，队友的学历及教育背景都较高，但由于他们对专业知识以外的世界了解太少，缺乏创业经验，这就导致了他们在市场推广、公司管理运营等方面出现了问题。只有团队的知识、技能、经验等方面协调均衡，才能保证企业长久稳健的发展。同时，企业责任划分不具体，每个人在团队里的角色定位模糊，因此很难使得团队成员进行高效配合。此外，他们制定的培训项目虽然形式很新颖但培训项目种类单一，这样很难满足不同青少年的需求，也缩小了招生的范围，并且招生群体的年龄及相关条件不明确，这样就会导致在推广或制定教学项目的过程中失去针对性。

创业指导

一是重组创业团队。分析评估人才需求，寻找适合的创业合伙人。由于目前的团队整体能力集中在教学项目的编排、授课等方面，而在推广方面缺少一支成熟专业的团队，这是项目进展缓慢的主要问题。企业需要营建管理者、技

第一期"青少年创造力培养"公益分享会上崔焱瑶与家长们分享英国小学"青少年创造力培养"的理念和方法

术人员与营销团队相互配合、互补的高效工作状态。

二是在推广模式上应采取多样化、多渠道、多思路的形式。突破传统宣传模式，与其他教育机构合作，依靠有信誉保障的机构进行项目推广，达到快速推广的效果。

三是形成完善的企业分工及管理机制。企业应设立专职的管理人员，合理地规划企业的发展及日常运营，使得每个员工的能力都最大化，将个人优势发挥出来，实现协调配合的工作氛围。

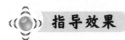

通过一段时间的反思和调整，崔焱瑶重新确定了创业队伍，放弃了原来不合适的合伙人。在佳木斯市就业局举办的项目推介会上她的项目吸引了一批大学生和老师的加入，同时获得了一位项目投资人，团队的壮大让她更加有信心了。在新的团队中明确了职能部门，设立了管理组、教学组、推广组三个重要部门。按照个人能力分配到适合的职位上。推广团队采用了更多形式的推广策略，通过与佳木斯市群众艺术馆建立合作，在艺术馆内设立长期的公益课堂，借助这个平台让更多的家长和小朋友们了解"派森"，了解他们的教学项目。在短短两个月内他们的生源从最初的 5 人已经增加到了 23 人；同时培训项目也在增加，针对青少年的培训课程还推出了英语角、创意手工、绘画、趣味科学实验等多个教学项目，丰富了教学内容的同时也扩大了招生范围。目前，工作室由最初的零利润已经达到月收入 2 万元以上的稳定情况，不仅可以支付基本的教学支出，还看到了可观的收益，这对于一个刚刚起步的企业来说非常难能可贵。企业目前在投资人的帮助下正在建立新的教学基地，预计总投资 200 万元。两年内目标为打造成佳木斯地区青少年创造力培训品牌机构，并在省内其他城市逐渐成立分支机构。（黑龙江省佳木斯市就业局　王海波）

"烩客"：新颖名词背后的故事

张颖，哈佛商学院毕业，三年内成了世界知名设计公司亚洲市场CEO，年薪数十万元。2007年，她又将全球顶尖创新产品战略咨询公司"青蛙设计"（Frog Design）成功引进亚洲。然而就在事业巅峰时，她却放弃了眼前的一切，另起炉灶，开始了自己的创业之路，成立了上海烩客科技有限公司。

张颖总是说："看似我做到企业亚太区高管非常风光，可无论我做得再怎么好，做到顶点也只不过是职业经理人，奋斗的成果终将为他人作嫁衣，还不如自己创业。"此时，恰逢她初为人母，开始为孩子谋划未来的教育之路。

创业者张颖

新生命的诞生，和为孩子考虑未来的初心点燃了张颖的创业激情，她灵光一闪：未来社会高速发展，具备创新能力的人才将是最紧缺的资源。培育孩子创新能力的最佳时间是在他们的幼年时期，以兴趣切入，由浅入深，从小培养他们的创新头脑和能力，同时具备良好动手能力。因此，公司在创立伊始便定位于将科技领域最前沿的创新思维、方法、技能与技术带入基础教育，制定并推介有关机器人、3D打印技术和编程设计相关技术的教育行业解决方案。

张颖之所以选择3D打印行业，是因为目前3D打印行业在青少年科技比赛中应用非常广泛，但费用昂贵。仅以模具来算，一组符合基本使用需求的模具市场价至少2万元，其中精密的连接件如果损坏，还需另外付费定制。但如果通过3D打印技术制作，整个机器人的成本可以控制在1000元以内，一些精细的连接件一小时内就可以做好，发展前景较好。

要做创新教育，首先要使公司本身具备创新能力。以烩客科技的机器人课程而言，无论是课程目标、课程过程，还是教学方法上都与学校不同。就课程

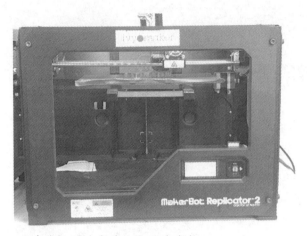

正在进行3D打印作业的3D打印机

目标来说,常规的科技课程,老师以教学大纲为中心,在这种情况下,学生在课堂上的学习范围很窄;而烩客的科技课程则以学生为中心,教学大纲的作用仅仅是给学生划定学习范围和提供知识基础。张颖的团队会将当前科技类"金点子"和高端产品推介给学生,有意识地提高学生的创新意识,让他们在可实行范围内,给自己的科技类作品提出一个改进的小目标,每一个学生都有不同的作品和自己的思路,因此他们最终学到的知识也是各不相同的。

在教学方法上,张颖和她的团队则选择以教练的角色带领学生进行创新意识的训练,通过参加各种科技比赛来检验学生学习的成果。教练和老师有什么

"烩客"辅导学生完成科技比赛用的工程机器人

区别？张颖介绍说："老师倾向于传道授业和答疑解惑，靠的是'题海战术'，而教练则更注重培养学生自我思考、动手和解决问题的能力。在学生解题过程中，我们要做的就是告诉学生解题的方向，提供解题资源和指导学生解题过程中遇到的技术性难题。"

在创业过程中，由于学生数量的增加，导致教练的增长速度远远跟不上学生增长的速度，一度造成有学生没有教练的情况。张颖感到对于教练的培养较难，而且周期较长，从专业基础教学到创新思维培训再到最后能够独立设计完成一项科技类产品，大约需要8年时间。愿意坚持下来的人本身就不多，而其中能被称为人才的，更是凤毛麟角，因此造成了行业人才紧张的情况出现。精英人才几乎都被几家大型科技类企业"打包带走"，对于小型科技类企业如何汲取人才，谋求发展成为摆在张颖眼前的难题。

"烩客"工作人员制作的3D打印产品

问题诊断

通过创业指导师的诊断发现张颖的企业除了人才问题还出现了场地和课程设计等问题。

问题1：场地选择很关键，对于"烩客"这种小型科技类公司，既要可以办公，还要具备展示功能，而且还要有一定的客流量，所以企业选址很重要。

问题2：由于对属地学校不了解，"烩客"不能及时针对学生的特点设计出有针对性的科技类课程，确定课程类型，导致在同行竞争中失去了一定的优势。

问题3："烩客"作为一家具有人才培养兼雇用目标的企业，人才的竞争与流失将长期存在。

问题4：人才培养周期长，培育过程与人才市场的对接模式未定型，初创企业将如何熬过这段时期，是企业必须思考的一个环节。

创业指导

一是针对张颖的创业需求，创业指导师将8号桥创意园推介给了张颖，经过几次项目评估，将廊桥辟出一块区域给了张颖。园区的开放性满足了有人流往来的需求，廊桥的位置给作品展示提供了有利条件，园区文化创意园的定位也为企业的长远发展提供了难得的氛围。

二是在推广方面，创业指导师建议企业从注册所在属地入手，根据学校的教育特色推广自己的课程设计，经过与周边学校的不断沟通，不久便与属地内一所著名高中达成了合作协议。

三是在团队建设方面，创业指导师建议张颖将目光投向在学习阶段的优秀科技类专业大学生和高中阶段对科技有浓厚兴趣的高中生。通过与学校合作开展的科技类课程和教学活动过程中，企业刻意寻找、挑选、推荐校内优秀的科技类专业学生进行深造，待对方毕业后优先进入企业。创业指导师还建议张颖在企业发展初期要确定好目标，是将企业发展成为人才培育型还是人才猎头型，并确立基本的用人制度，避免在日后出现企业所培育的人才为他人所用的被动局面。

四是为了提高企业初创期的稳定性，创业指导师还向企业主动介绍了开办费、社会保险、房租补贴等扶持政策，缓解企业在用人方面的成本压力。

指导效果

公司成立1年后，张颖创立的上海烩客科技有限公司便因其聚焦智能机器人、3D打印技术和编程设计新应用解决方案，迅速与上海20多所中学和高校达成了科技项目合作意向。对于科技类企业的发展，张颖充满憧憬地说："随着技术、操作不断完善和简化，未来3D打印将会像普通打印机一样进入每家每户，真正实现'所想即所得'。烩客科技的业务拓展面将有可能包括为科技类企业培育有经验的创新型工程师和设计师"。张颖也被上海黄浦区授予"黄浦区企业风云人物"称号。（上海市黄浦区创业指导中心）

扬帆启舟，立能育人

张帆、周春香夫妇原是江南某市知名国企捧着铁饭碗的职工，学外语的周春香一直向往着外面的世界，为了圆爱妻一个看世界的梦，张帆在孩子一岁半时辞职，南下珠海创业，经艰苦打拼，成为某品牌灶具华东地区总代理，个人年销售额高达一千多万，事业到达辉煌顶峰。然而，一场三角债漩涡导致张帆痛"走麦城"。

早年在苏大求学时，苏州这美丽温婉的城市深深烙印在了周春香心中。于是古城苏州成了张帆、周春香夫妇经历商海残酷洗礼后重新启航的港湾，他们带着孩子再次来到苏州定居。

创业者周春香

沉寂摸索了两年后，无意中听到当时已经在新区某重点小学上小学三年级的女儿说，学校外语课上得真没意思。周春香的心弦一下子被扣响了！让自己如痴如醉享受的外语，怎么在孩子心中就生不起兴趣呢？曾任上海宝钢集团翻译的周春香和家人商量后，向女儿所在学校提出：自己愿意无偿为学生上课。分管教学的校长爱惜周老师是个人才，便推荐周老师到小学做代课老师。

作为一位母亲，周老师怀着对孩子深切的爱，以极高的热情投入到这份新工作中，力行着以学生为本的教育创新实践。口音优美纯正、专业功底扎实的周老师，以饱满的激情、开阔的视野、活泼的形式，很快赢得了学生的心，成为最受学生欢迎的老师。只要一看到周老师的身影，学生们便激情难抑地高呼"周老师！周老师！"周老师成了学生偶像，家长口中的金牌教师。她所教学的班级平均分远超同级其他班级，满分学生超过一半以上。有很多学生考上了当地最好的中学，甚至出国深造后，还念念不忘周老师当年的基础教育。

代课成绩斐然的周老师又受聘到新区妇女儿童活动中心做代课老师，因教学突出使原本人头寥寥的学员开始多了起来，活动中心的负责人建议周老师可以承包他们的教学点，正好与周老师的想法不谋而合。签订合同后，张帆为了节约成本，扩大影响力，一人走街串巷，足迹遍布苏州市区、新区，甚至郊野乡村，走街串巷、挨门逐户发广告，深夜回到家，常是累得四脚朝天，瘫在床上，寒冬腊月都能汗湿贴身衣衫。功夫不负有心人，妇女儿童活动中心第一期就招收了200名学员，周老师在大礼堂上给学生们上课，家长旁听，周老师的课一下子征服了学生和家长。从教多年，周老师总是淡然而一丝不苟地实践着她的教学标准：每堂课都是公开课，随时随地都欢迎家长推门听课。

妇儿中心的外语教学培训成了金字招牌，在市民中享有很好的口碑，张帆、周春香夫妇又与木渎镇文化中心等机构合作，成立了"立能培训有限公司"，先后开设了五家培训学校。每个培训点，他们都精耕细作，发展稳健，取得了良好的社会和经济效益。正如他们夫妇共用的名片"扬帆启舟"一样，以理想为舟，夫妇俩比翼扬帆，合力远航，立能育人，服务社会，家庭、事业双赢，造福社会与成就自我价值并行。

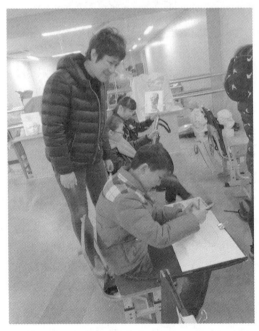

孩子们在"立能教育"进行美术培训

事业不断拓展，也不可避免地遭遇市场竞争，同质化、综合化的培训机构如雨后春笋般冒了出来。对此，张帆、周春香夫妇淡然处之，有了竞争，才有比较，优质的产品，也正是从竞争中脱颖而出的。教育是长久的事业，张帆、周春香夫妇从不参与恶性竞争。他们始终不改初心，只尊从教育规律。不为市场浮动所扰，安心做好自己。控制好质量，抓住老师和管理两个基本点，凭良心做事，坚信教育永远是良心产业。但是，在公司平稳发展的过程中，张帆、周春香夫妇也看到了发展瓶颈的所在。

问题诊断

事业传承后继乏人。张帆、周春香夫妇做事做一件成一件，机会越来越多，但是任何人都无法逾越自然规律，张帆、周春香夫妇随着年龄的增大，体力与精力都在不断下降，孩子也有自己的理想和追求，如何让这份教育事业传承并发展光大？

此外，张帆、周春香夫妇以勤劳和智慧造福社会，积累财富后，不忘知恩报恩，回馈社会，如何让这社会正能量生生不息，社会效益更持久、更广泛？如何找到更好地回报社会的方式？

创业指导

创业指导师通过调研、座谈和讨论等形式与张帆、周春香夫妇团队的教师员工们进行交流后，认为目前"立能教育"主要存在公司创业团队人员老化、业务拓展乏力等问题，要从加强团队管理入手，引入股份制，让核心员工成为合伙人，与教职员工共享公司红利，这是使公司增强凝聚力和获得发展的长效动力；同时可以请职业经理人进行专业化管理。

另外，公司运营成功想回报社会，创业指导师认为需要选择合适的公益形式。培训公司的工作和专长都在教育培训方面，所以做公益应该结合立能教育业务特点进行延伸教育，比如到有需要社会师资的民营小学进行公益授课等。

指导效果

经过创业指导师的一番指点，张帆、周春香夫妇思路豁然开朗，经过慎重考虑，开始酝酿布局公司改革路径。

首先，从公司体制上开始改革，进行股份制运作，让每位员工持股，公司逐渐演变成合伙人的公司，各自职权意识增强；启动物色招聘职业经理人的工作程序，准备聘请专业人员管理学校。

同时，张帆、周春香夫妇了解到，苏州的1300多万人口中，一半多是外来务工人员，而他们的子女则分布在全市众多的民工子弟学校读书，这类学校对优质师资的需求量很大。经过上门沟通，立能教育公司主动承担起了支教责任，为苏州每个民工子弟学校提供优秀师资。每隔一周就派老师去上课，风雨无阻，平均年支教20多次，此项活动已坚持了6年。

随着自己经济能力的提升，夫妇俩正筹划着增强社会公益慈善活动的参与力度与深度，初步决定以建立基金会的方式来开展慈善事业，并已经与几个专业 NGO 进行了初步对接，在资助项目、资助方式和目标达成等方面的意向合作事宜进行了一系列探讨和商议，达成了基本的方向和目标。（江苏省苏州市人力资源和社会保障局　岳建景）

创业能力篇

　　创业能力是一个很宽泛的概念，它涉及企业经营相关的管理类、经济类知识以及产品设计、运营推广、售后服务、市场合作等行业知识，当然也包括创业者自身的决策领导能力、学习应变能力、抗压能力、沟通交流能力等。这些知识与能力的形成在天赋、在书本与课堂，但更在创业过程的磨炼与体悟。普遍来说，大学生创业者由于缺少创业经验，相关能力相对匮乏，尽管一些高校、创业公共服务机构、孵化机构面向大学生开设了诸如创业培训等创业能力提升服务，但更多处理问题的能力还要依靠创业者本身在创业过程中不断"打怪升级"。本篇案例，主人公们都在创业过程中遇到了某些能力不足的问题，看看他们是如何在老师的指导下，不断提升能力、补足短板。

坚定创业信念　人生终将辉煌

小陈是一个有着丰富经历的人，大学毕业后曾在银行工作，之后当过作家，出过书；做过制片人，拍过2部微电影；还做过广告传媒行业。2008年开始人生第一次创业，创办游戏网站，刚开始网站做得风生水起，公司规模一度发展到90多人，但后来由于种种原因，这次创业最终失败了。2010年一次偶然的机会，小陈从朋友那里接触到锂电池自行车，凭着对市场的敏锐洞察力，小陈觉得锂电池自行车是个新鲜事物，市场前景会很大，便萌生了再次创业的想法。但是因为之前创业失败的经历，小陈虽然相信锂电池自行车的市场前景很大，在行动上却比第一次多了几分谨慎，也怀疑自己是否有创业成功的能力。

问题诊断

小陈并不是一个没有想法的人，相反，他有冲劲、有激情，对身边的人、物、事有着敏锐的观察力。然而俗话说："一朝被蛇咬，十年怕井绳。"小陈有创业的想法，有创业的动力，却在机遇面前因害怕失败而退缩。所以针对小陈进行创业指导时，首先要帮助他重拾信心，让他相信自己是可以创业成功的；其次是帮助小陈分析上一次创业失败的原因，避免重蹈覆辙；最后，还需要帮助小陈分析市场，根据他自身的能力与条件进行创业前的规划。

创业指导

一是帮助小陈重拾创业信心。创业指导师为他做了MBTI职业性格测试。经过测试，发现小陈属于ENFP性格，即外向（E）＋直觉（N）＋情感（F）＋知觉（P），在性格上ENFP对别人的情绪敏感，能理解、体会别人的心情，善于安慰、鼓励别人；对文字、语言敏感；善于分析、总结；善于从整体上把握事物；能理解复杂的理论概念，善于将事情概念化，善于从中推断出原则；擅长策略性思维。这类性格的人属于奋斗型，比较适合自主创业。专业的性格测试和深入的分析报告使小陈明白了性格决定命运的道理，科学的检测结果大大增强了小陈二次创业的信心。

自行车销售展厅

二是总结创业失败的原因。通过一张表格，对小陈之前的工作和创业进行梳理，其中包括收获与离开该行业的原因，特别针对他在创业过程中决策与用人方面的情况，并对公司发展情况做了深入分析、比较，由此总结出小陈创业失败的真正原因。经过共同探讨后，小陈第一次创业失败的问题是在公司运行过程中，他对资金的统筹存在问题，总是在前期投入大量资金用于公司办公设施以及员工的薪资上，导致后期出现生产经营困难。此外，由于经验不足，在创业过程中遇到困难后，他总是选择退缩，缺少坚忍不拔、挑战困难的决心与信心。同时，还对小陈从资源、经验、行业方向等几个方面进行自身的优势分析，找出失败的原因，让小陈快速地从上一次失败的阴影中走出来，以更加自信的状态迎接下一轮的挑战。

三是对新项目进行可行性分析。针对小陈要进行的新项目，创业指导师与小陈一起对锂电池自行车的创业项目做了可行性分析，分析结果认为锂电池自行车小巧轻便的造型比传统的电动自行车更能获得年轻人和公司白领的青睐，结合实际情况，锂电池自行车有一定的市场潜力。同时，建议小陈参加创业培训班，系统地学习创业和经营方面的理论知识，通过科学系统的理论学习来完善他的创业计划，支持他的创业行动。在专业创业老师的指导带领下，小陈做出了一份锂电池自行车的创业项目计划书。

在前期充分地准备之后，小陈组建了一个锂电池技术研发团队，他希望自己能攻克自行车的核心技术，掌握自行车的全套生产技术流程。通过坚持不懈地努力，小陈和他的团队耗时2年，终于获得了多项锂电池自行车的国家专利技术。小陈凭借着技术专利，还享受了资金、场地、税收等国家多项创业优惠政策。

自行车生产车间

自行车销售展厅

指导效果

2012年小陈的锂电池自行车投入量产，之后小陈和他的团队凭借着对创业的执着和热情，公司的经营开始步上正轨。2013年公司业务拓展到生产飞车、折叠车和童车等领域，公司在浙江各地的专卖店也陆续开业，结合网上销售的模式，产品远销国内外。

目前，小陈的公司拥有自己的商标和多项专利，已被评上杭州市的高新科技企业，仓储面积已达9000多平方米，自行车销售的实体店也有30多家，公司今后的经营重点会放在环保智能代步工具的研发和拓展海外业务上。在自行车企业创办成功的同时，小陈又成立了广告传媒公司和科技公司，配套进行自行车的广告营销和技术研发。谈起现在的事业，小陈充满自信，他对自己和公司的未来已经做好规划，要将三家公司一起经营好，合伙成为集团公司。

针对目前大学生创业失败率高的现状，小陈的体验是，大学生对资金的统筹没有概念，往往会在创业初期投入大量资金在公司办公设施和人员薪资上，导致后期可能出现生产经营资金困难。还有大学生的创业信念不够坚定，在遇到一些小困难小挫折之后可能就放弃了创业。想要创业成功，并不会很轻松，首先要确定自己是创业型的人，有执着的创业追求，坚定信念，乐于创业。（浙江省杭州市江干区白杨街道人力资源和社会保障管理站　杜梦佳）

自行车招商订货会

循序渐进梯次指导，助力大学生创业成功

　　胡小辰在刚刚迈入大学校门时，他无意间走进了学长经营的一间创业街店铺，店铺主要销售个性化小商品，他也购买了一件创意 T 恤衫，看到学长自己设计的创意小商品能受到那么多顾客的欢迎，一颗创业的种子在他的心里也悄悄地埋下了。

　　胡小辰通过社团招新加入了学院的创业社团，开始梳理自己的创业想法。为了自己的创业梦想，他不断努力，放弃了大部分的休息时间，积极参加学院组织的各类创业培训和活动，并通过专业老师联系到一家会展服务公司兼职，他默默观察、学习企业的经营理念和管理实务。而在创业社团的工作经历，也让他结交了一大批怀揣创业梦想的小伙伴。

　　大二时，胡小辰在学院的帮助下创办了蓝懿品牌策划工作室，以客户形象设计和推广、个性化产品设计为主要经营范围。由于课程安排较紧，再加上专业设计能力有限，企业的经营步履维艰，只能依靠老师或朋友偶尔介绍的小单子存活。

创业者胡小辰

问题诊断

胡小辰是一名满怀创业热情、目标坚定、敢拼敢闯的大学生,他代表了当前在校大学生创业群体的现状。然而创业是一件异常艰难的事,绝非凭一腔热情就能成功,大学生创业过程充满艰辛和困难,胡小辰创业过程中出现的问题主要有以下原因:

一是缺乏创业调查和规划。胡小辰是在偶然的情况下接触到学长的创业项目,通过简单的了解,便同样将创意产品设计作为自己的创业方向,对项目的市场需求情况、自己的专业能力并没有进行前期调研和客观评价,尤其是对行业竞争情况缺乏系统分析,这会让初创企业在起步阶段步履维艰。

二是创业实践经验不足。大学生成功创业绝非一蹴而就,是一个循序渐进的过程,必须以经营实践为基础。系统的知识储备和学习是必要的,但"纸上得来终觉浅,须知此事要躬行",大学生必须要在创业实践中不断发现问题、解决问题,才能积累创业经验。

三是缺少创业实战指导。在胡小辰的创业过程中,面临着市场拓展、财务管理、企业合作等多方面的问题,甚至遇到和其他企业合作的法律纠纷问题,

创业导师对在校大学生进行现场创业指导

由于缺少有经验创业指导师的实时指导和帮助,他走了很多弯路,吃了不少亏。

创业指导

当胡小辰带着疑惑找到创业指导师时,向创业指导师阐述了他的创业梦想,但更多是讲述了他对创业的迷茫和不解,同时也说明了在经营场地等方面存在的困难。胡小辰存在的问题其实是在校大学生创业出现的共性问题,创业指导师给出了以下建议和帮助。

一是系统学习创业知识。创业指导师推荐胡小辰参加了由常州市创业指导服务中心组织和安排的 GYB 和 SYB 创业培训课程。这些培训课程以实用为目的,教会像胡小辰一样有创业热情的同学明白创业面临的挑战,从创业者角度来评价自己,并对产生企业想法、评估市场、组建团队等具体流程进行介绍,这些实用知识和技能的学习让胡小辰对创业有了更深刻的认识和了解,并为他指明了今后学习的方向。

二是指导他参加各类创业活动。学院经常不定期组织安排创业咨询会、创业项目路演、创业讲座和创业大赛等活动,邀请了知名企业家、工商税务专家、人社部门的老师围绕大学生创业做相关主题活动。创业指导师建议胡小辰踊跃

公司经营场地

参加这些活动，通过相关活动，不仅强化了他的创业知识和技能，更让他结交了一批怀揣创业梦想的小伙伴，可以互相激励、互相学习、共同进步。

三是帮助他申请创业街店铺和创业园经营场所，开展创业实战。大学生任何的创业想法都必须在实践中验证它的可行性和价值，所以胡小辰将自己的创业想法转化为一份完整的创业计划书，并通过项目路演成功申请了学院创业街的商铺和大学生创业园内的经营场地。

四是在高校中寻求导师的帮助。为促进该项目的快速发展，依托学院大学生创业服务中心，帮助胡小辰联系了3位创业指导师，一位是来自校内艺术设计专业的老师，该导师不仅可以帮助他解决创业过程中遇到的动画制作、媒体设计等专业技术问题，还可帮他免费使用艺术设计学院的研究实验室和设备；第二位是来自常州市创业指导服务中心的创业指导老师，他为胡小辰提供创业咨询、项目论证、财税、工商、法律等一系列咨询服务；第三位是来自信息产业园内龙道电子商务有限公司的企业运营问诊帮扶导师，他可以帮助分析胡小辰在创业过程中出现的具体实践困难，并在市场开拓等方面提供帮助。

指导效果

一年后，胡小辰重新申请注册了常州市古岚语创意有限公司，目前创业团队5人，月营业额10余万元。在胡小辰和他合作伙伴的精心经营下，企业发展越来越好，他的创业项目被评为"2014年江苏省优秀大学生创业项目"，并得到专项奖励10万元，胡小辰本人也获得了"2014年武进区十佳青年创业明星"称号。对于未来，胡建辰感慨地说："我遇到了一个创业的好时代，一群有梦想的孩子在国家大力支持下，可以勇往直前地去追逐创业梦，这些是在过去所不敢想象的，有太多感谢，我们所能做的，就是在创业的道路上走得更好、更远！"
（江苏省常州信息职业技术学院　江新）

"贝贝手工涂鸦坊"找准着力点开发大学生市场的创业历程

"贝贝手工涂鸦坊"（以下简称"贝贝"）的初创者小罗是广西师范大学2012级学生，从小热衷于画画。进入大学后通过摆地摊、租格子铺、组织团队做涂鸦等方式为创业做准备，2013年开始正式运营"贝贝手工涂鸦坊"，希望通过创业减轻父母的经济压力。

创业之初，小罗父母并不支持女儿创业，认为没有必要折腾。因此，"贝贝"运营资金主要来源于小罗的零用钱及朋友接济。为缓解经济压力，"贝贝"采取薄利多销的方式，招募大学生兼职员，利用QQ、微信等免费媒介进行宣传，以极低的价格承接各类手绘业务。由于团队成员均为大学生，学业压力和四年大学学制使大家无法集中全部精力投入到"贝贝"中，成员流动性较大。小罗身兼数职，既是手绘员，也是营销员、财务人员、搬运工。接单数量不稳定，利润过低导致"贝贝"一度中断运营。

问题诊断

"贝贝"项目是典型的大学生创业模式，集中反映了大学生创业者在创业过程中遇到的诸多问题，比较具有代表性。

问题1：创业者困境。小罗在创业过程中精神压力较大，主要因为缺乏家人支持、创业资金极少。同时，小罗一直充当"救火员"，繁忙的事务让她身心疲惫，处于超负荷运转状态。

问题2：创业思路、项目管理比较混乱。作为英语专业学生，小罗缺乏基本的管理知识，对创业的认识也不够充分。一门心思赚钱，尽快缓解经济压力的初衷使其在创业过程中走一步是一步，经营思路模糊，管理比较混乱。主要体现在业务范围过大缺乏重点、账目不清晰、营销活动比较盲目、对于运营过程中出现的问题无暇客观分析，更谈不上通过制度进行完善。

问题3：缺乏主打产品、团队成员稳定性较弱。"贝贝"虽有订单，经营思路上也以私人订制为卖点，但产品独创性不够，同质产品替代性强。低价策略导致产品研发乏力，项目运作停留在粗加工层次。招募兼职人员数量众多但队伍不稳定。有限的利润严重影响了团队成员的积极性，很难获得成就感的状况加剧了人员更迭。人员不断变化使得业务培训占据运营成本的重要部分。薄利多销模式必须依托熟练工大规模制作、营销渠道流畅等条件方能保证收益，大学生创业团队时间有限，生产能力较弱。

创业指导

针对以上问题，创业指导师分别给出指导意见：

一是为创业者减负。小罗对手绘手工近乎狂热的热爱是"贝贝"运营的优势，应通过多种途径为其减负，使其集中精力关注重要问题。创业指导师通过创业者评估体系对小罗进行评估，发现她具备创业者的基本素质，但仍需在管理能力上作进一步提升。另外，建议小罗与父母进行诚恳沟通，争取父母的支持并参加政府举办的创业培训班。

二是理顺经营思路、规范日常管理。根据"贝贝"前期运营状况，建议小罗暂停承接新业务，留出足够时间对项目进行重新梳理，尤其在自身角色定位及团队成员分工方面，需明确业务类型、理清岗位职责及落实授权事项。通过考核选拔日常管理人员，帮助小罗协调各项事务，使其脱离"疲于奔命"状态。同时，通过和小罗一起运用"SWOT"分析法（即优势、劣势、机遇、威胁四要素分析法）进行多次论证，我们发现"贝贝"若想尽快在市场竞争中生存下来，必须找准着力点，集中优势力量重点突破。大学生市场是"贝贝"最好的运营平台，因为之前的订单绝大部分来自于此，小罗及团队成员对市场比较熟悉。同时，大学生对手绘产品接受度较高，消费潜力较强，借助新媒体即可达到较好的宣传效果。

三是下大力气研发拳头产品。"贝贝"团队成员的特点使之前薄利多销的思路遇到严峻挑战，创业指导师建议小罗转变思路，从粗放型发展模式向精细化、特色化方向转型，走少而精、精而优路线。适当提高产品价格，保证足够利润空间。同时，将产品研发放在重中之重的位置，通过打造特色产品吸引顾客，形成软性广告效应，以减少营销方面的人员投入和物质投入。另外，对研发人员采取激励措施，顾客满意度较高的手绘员予以提成上的奖励。

指导效果

经过一个学期的整合,"贝贝"运营状况焕然一新。小罗经过努力获得父母经济上的支持,解决了"贝贝"资金短缺难题。"贝贝"还确立了团队的核心成员并进行了合理分工,小罗主要负责研发产品及团队整体协调,日常事务充分授权给团队其他成员。根据大学生市场的需求"贝贝"设计出了"呆萌""文艺小清新""酷炫"系列产品。目前,"贝贝"的收入状况渐入佳境并已实现稳定赢利,项目由原来以"散单"为主开始承接"团队"业务。小罗正积极准备相关材料,拟于近期完成公司注册及标识、产品设计的知识产权保护。(广西师范大学经济管理学院 李玫)

民族传统手工制品成就 90 后大学生的创业梦

混得孜是一名 90 后的哈萨克族女孩，天性善良，活泼率真，在自己的心中始终有一个创业的梦想。2015 年，她毕业于伊犁师范学院汉语言文学汉语翻译专业，到伊犁求学的四年中，她渐渐爱上了这个地方，也爱上了民族传统的餐具，她发现伊犁在制作哈萨克族婚庆特色传统餐具方面颇具特色，也很热销，就萌生了想把这些餐具带回家乡销售的想法。在毕业前夕，她抱着试试看的态度，从伊犁进了 2000 元的货物，带回家乡塔城地区托里县，很快带回的所有货品全部脱销了，而且供不应求，除去 2000 元的成本，她的纯收入有 4000 多元。这可把混得孜高兴坏了，于是产生了自己创业的想法，想把传统餐具批发过来，在托里开一个属于自己的特色商店，但是由于刚毕业，没有多余的创业资金，并且经营的场地也是一个大问题。

问题诊断

一是缺少创业知识，经营管理经验不足。虽然第一次尝试是成功的，但这并不是创业，创业是一个系统工程，需要方方面面的知识、能力和素质来支撑。对于混得孜目前情况来说，显然是不具备的，所以她要解决的首要问题是进行创业相关知识的培训。

二是针对消费群体，选择经营场地。由于新疆塔城地区当地人们的消费习惯和混得孜所经营的产品类型只有让消费者看得见才能让他们放心购买，所以店铺的选址很重要。

三是稳定供货商。由于婚庆传统餐具在混得孜的家乡属于特色产品，所以需要有稳

创业者混得孜在托里县人社局咨询创业相关事宜

定的供货商来确保货源。

创业指导

针对混得孜的问题,创业指导师为她制定了循序渐进的创业方案。

首先,加强创业培训,依托政府解决创业启动资金问题。由于混得孜刚毕业,在校期间也没有参加过创业培训相关的课程学习,在管理经营和销售方面经验不足,所以建议混得孜先参加为期十天的创业培训,进行企业创办能力、市场经营素质等方面的培训,并在企业开办、经营过程给予了政策指导,把相关的就业创业扶持政策,工商、地税等部门的优惠政策对其进行了详细的讲解,还帮助她申报了小额担保贷款。

其次,遵循民族特色,创办个性店铺。由于托里县少数民族居多,人们把结婚视为人生的头等大事,在置办嫁妆方面比较讲究,所以店铺选址、装修以及店名的选取都要精心设计。由于考虑到混得孜家庭经济状况,创业指导师建议她把店址设在库甫乡家中或库甫乡主要路段上,这样可以省去一年几万元的房租费,以点带面,慢慢扩大经营。经营状况步入正轨后再寻找县城中心地带或是民族市场等优越位置。同时在店铺装修和店名选取上也要突出自己的个性,能够渲染少数民族的传统特色。

哈萨克族婚庆特色传统餐具

最后,稳定进货渠道,达成长期合作。根据混得孜前期的市场调查,她的餐具用品将会继续从伊犁引进,因为餐具都是纯手工的,所以价格会略微偏高,但是在外观、材质等方面的确是占优势;如果店面可以开张,建议其可以与对方签订订单合同,这样可以有固定的进货渠道,进货价格会比零售便宜许多。同时也可以在本县选择特色手工制作品、奶制品等适合的礼品,作为统一的配售,这样也可以扩大相应的经营范围,让顾客在一个店就可以买到自己喜欢的必备品。

指导效果

听过创业指导师的建议,混得孜对于自己的创业之路更加确定了,她坚信自己可以开创出一条具有民族特色的致富之路。她开始参加创业指导师安排的创业培训课程学习,从中系统地学习销售、管理等方面的知识。学习结束后开始着手启动她的创业项目,同时申请政府的创业优惠政策,她希望更多的人通过她的特色小店,可以买到自己喜欢的婚庆餐具。(新疆塔城地区托里县人力资源和社会保障局 孙珊珊)

"特色创业培训+实训"为大学生创业插上放飞梦想的翅膀

法学专业的大学生小张，2015年毕业后回到家乡，起初在一家汽车4s店做办公室文秘工作，每月拿着2000元左右的工资，天天重复着简单机械的工作，工作内容和自己所学的专业也不对口，这和她最初的理想差距甚远，小张感到十分的苦恼。在2016年春节的一次同学聚会上，小张看到有一位原先在学习上还不如自己的同学，毕业后自己创业，开了一家服装店，现在月收入过万，犹如一名"成功人士"。这让刚参加工作不到半年的她好生羡慕，于是产生了辞职创业的想法。

小张的想法得到了家人的支持，父母资助了她10万元，小张听别人说开花店赚钱，就在小区内开起了一家鲜花店。她在装修店面时追求"高大上"，10万元几乎用在了店面装修上，在采购设备和前期进货时出现了资金短缺的情况，小张又向朋友同学借资5万元，才渡过了眼前的难关。

小张的花店终于开张了，但在经营过程中又发现自己缺少相关插花技术和知识，导致造成鲜花大量浪费，成本也增加了。于是小张派一名员工进行了插花专业知识的培训，但没想到的是员工培训完就离职了，由于没有和员工签订劳动合同，小张也束手无策。由于不了解鲜花市场，小张的花店经营范围较窄，产品也单一，成本居高不下，现在又面临资金严重不足，眼看着自己好不容易才开张的花店马上就要关门歇业，这可把小张愁坏了。

问题诊断

创业指导师对小张及其创业项目进行深入了解后，认为小张遇到创业困境的主要原因是创业能力和实际经验不足，主要有以下几个问题。

一是对创业项目没有进行前期市场调查、资金分配不合理，没有准备必要的流动资金。小张没有明确的创业目标，只是看到别人创业成功，自己羡慕才产生创业的想法，这属于盲目创业，创业内在动力不足；在对创业项目的选择上，只是"听别人说能挣钱"，没有结合自己的能力、知识等方面选择创业项目，在创业前期盲目开店，没进行必要的市场调查；一味追求店面装修，资金分配不合理。由于没有预计到开花店需要设备设施及前期进货资金，没有准备必要的流动资金又向外借资每月需付高额利息，导致资金压力大。

二是缺乏开设鲜花店的必要专业知识，不懂员工管理。小张自己本身不具备开设鲜花店的必要专业知识，在开店前也没有进行相关的培训，导致花材浪费严重，成本上升；在企业用工方面，不懂员工管理，员工上岗后期培训成本大，不签订劳动合同，造成技术员工流失后损失难以得到弥补。

三是不了解市场，经营范围窄，缺少必要的价格制定、营销等方面措施。对鲜花市场缺乏总体了解，小张为了图省事和鲜花供货商签订了"全年一个价格"的供货合同，但花卉市场淡旺季价格波动明显，增加了小张的经营成本。在经营范围上，小张的鲜花店只是简单的鲜花出售，会议、庆典、婚礼等花卉业务都没有开展。此外还缺少必要的价格制定、营销等方面措施，要根据不同的消费群体设计产品、制定价格。目前小张的鲜花店属于坐店经营状态，宣传、营销等方面力度明显不够。

运城市人社局创业花艺培训班

创业指导

针对小张的问题，创业指导师制定了详细的改进方案：

一是参加有针对性的特色创业培训，增强创业知识和创业技能。创业指导师建议小张参加"创业花店班"的创业培训，培训内容采取的是"创业基础知识＋创业技能培训＋一条龙创业服务"的模式。小张在创业基础部分可以学到创业项目选择与评估、成本核算、人员管理、市场营销、记账等创业知识；在"创业花店班"的创业技能培训上可以学到花卉知识、插花技巧、花店的经营管理等花艺技能。培训合格后，还可以获得相关部门颁发的职业资格证书。参加有针对性的特色创业培训，可以弥补小张在创业基础知识上的不足，提高花卉知识技能，同时还可以获得相应职业资格证书，增强创业能力。

二是参加创业实训，弥补实际开店经验的不足。创业指导师建议小张在参加特色创业培训后，参加具体的创业实训，弥补实际开店经验的不足。小张可以在人社部门指定的花卉创业实训基地（经营状况良好、规模较大的花卉实体店）进行最长不超过 6 个月的免费创业实训。她在创业实训中由专人教授，可对每一个相关岗位和经营环节进行具体实操。小张通过实训可以进一步弥补在花卉采购、插花技能、营销技巧、人员管理、成本核算、记账等方面的不足，从而增大创业成功率。

运城市人社局创业花艺培训班作品展

三是积极争取创业优惠政策，办理创业担保贷款。创业指导师为小张宣传和讲解了目前针对大学生创业的就业优惠政策，建议小张积极申请人社部门创业担保贷款来弥补创业流动资金不足的问题。

指导效果

小张通过参加人社部门的特色创业培训、创业实训后"豁然领悟"，积极把培训、实训学到的知识和经验用于自己花店的实际经营中。在"一对一"创业指导师的帮助下，通过引入会员制、开设插花培训班、私人鲜花定制服务等项目，不断开辟盈利点。小张还利用微信、淘宝等社交媒体平台开展"线上、线下"配送服务，积极拓宽业务范围；和员工签订劳动合同，制定合理的薪酬结构，增强员工积极性；积极申请人社局创业优惠政策，得到了2年5万元的免息创业贷款扶持。目前小张的鲜花店经营状况良好，生意明显好转，小张已经开始准备年底再开一家分店了。（山西省运城市人社局　荆峰）

卓越 APPS 设计工作室找准发力点
推动工作室顺利起步

小李是大连理工大学 2016 级学生，化学专业的他不仅对自己的专业极其热爱还对 APP 行业有着浓厚的兴趣，他参加了大连市创业联合会与大连优创公司举行的 APPS 大学生创业实践课堂，课堂上小李了解到大学生也可以运用 APP 的开发设计与营销的方式来创业，原本就有一颗创业心的小李迅速地召集了同样对 APP 行业有兴趣的同学们，想要组建一个大学生卓越 APPS 设计工作室，以需要利用 APP 进行经营活动的中小企业和个人为目标客户，提供 APP 开发设计服务，希望通过创业来为今后的道路开拓更多的可能。

创业之初，面对并不熟悉的行业，小李遇到了很多问题，比如身边的人开始怀疑 APPS 的可行性，认为互联网行业不确定性大，竞争激烈。为了消除亲人朋友的怀疑，小李决定自己利用 APPS 制作一款 APP 来证明项目的可行性。于是，结合自己所学专业与在 APPS 大学生创业实践课中所学的知识，小李成功制作了一款名为"化学奶爸"的学习类 APP，APP 包含分类展示、交流讨论等多个模块，小李身兼开发与设计向大家展示了自己的成果，获得认可与称赞后，"卓越 APPS 设计工作室"正式成立了。

问题诊断

"卓越 APPS 设计工作室"项目是典型的大学生创业模式，集中反映了大学生创业者在创业过程中遇到的诸多问题，比较具有代表性。在小李的创业过程中，大连市创业联合会徐毅老师和朱树清老师参与到其中，并对他的项目进行了全程指导。

创业指导师指出虽然工作室已经成立了，但面对竞争激烈的市场环境，"卓越 APPS 设计工作室"还需要解决以下几个问题：

问题 1：提高创业者素质，需要进行创业培训。由于小李是在校大学生，在创业过程中还要兼顾学习的任务，所以创业压力较大，同时又没有创业经验，对行业不熟悉，缺少人脉，使工作室出现了人员分工不明确、制度混乱等一系列问题，直接影响创业项目的发展。

问题2：创业思路、项目管理比较混乱。作为化学专业出身的学生，小李缺乏基本的管理知识、财务知识和法律知识，对产品功能设计、行业现状和市场渠道也不是很了解。小李不知道如何完善产品、推广业务，营销活动也比较盲目，对于团队配合问题更是无法协调，想通过制度进行完善也是难上加难。

问题3：缺乏主打产品、团队成员稳定性较弱。"卓越APPS设计工作室"运营思路上以订制化设计为卖点导致产品的行业特征不明显，无法吸引更多的客户。此外，团队人员的不断变化使得业务培训占据运营成本的重要部分。

创业指导

针对以上问题，创业指导师分别给出指导意见：

一是准确定位，弥补自身不足。在个人能力方面，创业指导师通过科学的创业者评估体系对小李进行了评估，发现他具备创业者的基本素质，但仍需在管理能力上作进一步提升。在产品设计方面，创业指导师推荐小李到优创APPS软件学院进行专业知识方面的学习，利用模块化、组件化、通用化的思路进行用户自主开发APP，简化开发的过程，使其集中精力关注更重要的问题。

二是理顺思路，完善制度管理。根据"卓越APPS设计工作室"前期运营状况，建议小李不要急于开发销售渠道，留出足够时间对项目进行重新梳理，尤其在自身角色定位及团队成员分工方面，需明确业务类型、理清岗位职责及落实授权事项。通过考核选拔日常管理人员，帮助小李协调各项事务，使其脱离疲于奔命的状态。

三是专注研发，做好市场开发。"卓越APPS设计工作室"若想尽快在市场竞争中生存下来，必须找准着力点，集中优势力量重点突破。建议将具有行业通用性的APP模板作为"卓越APPS设计工作室"的主推产品，通过通用的模块和组件来完成客户的订制开发，以便节省出更多的人力时间做好市场销售和应用推广工作，达到预期宣传效果。

指导效果

经过一个学期的整合，"卓越APPS设计工作室"运营状况焕然一新。通过团队的共同努力，明确了分工，掌握了行业规律，解决了产品特性不明确的问题。"卓越APPS设计工作室"还确立了团队的核心成员并进行合理分工，小李主要负责联系客户及团队整体协调,日常事务充分授权给团队其他成员。根据APP市场的需求"卓越APPS设计工作室"设计出了几款通用性产品,均得到客户的好评。目前,"卓越APPS设计工作室"已经把握了前进方向及盈利模式,工作室发展步入正轨。(辽宁省大连市创业联合会　徐毅　朱树清)

深度挖掘客户需求，
让微电影成就"明星梦"

同为四川传媒学院2015届导演专业的学生，张泽岩、徐麟、梁国超从一开始就结成了"革命友谊"，大学期间跟着老师拍摄采风让三个伙伴度过了快乐的大学时光。

1993年出生的张泽岩内敛而又健谈，张泽岩的两个创业伙伴徐麟和梁国超，一个沉稳，一个不羁。三个小伙伴，一个"铁三角"，用各自的属性碰撞出火花，点燃一个年轻公司的燎原之势。

彼时，短视频、微电影等新媒体正如雨后春笋般涌现，短小精悍的形式并

嘉申光年创始人合影（左：梁国超　中：徐麟　右：张泽岩）

不妨碍传达出宏大的主题，这一特征反而契合了现代观众快捷观影的诉求，"短片"在网络上掀起的"超百万""过千万""破亿"的点击量释放出了巨大的能量。

借着时代的红利，2014年6月，四川嘉申光年文化传播有限公司破壳而出，三个同班同学变为了创业伙伴。

公司成立后立足于互联网，服务于线下，专注于新媒体发展，囊括了专业的编剧团队、摄影团队、导演团队、配音团队。公司制作、出品的新媒体原创视频——系列网络剧《做个好汉子》、系列迷你剧《SHOW TIME》、爆笑配音系列神剧《中国好神经》等作品在全网播放量超过2500万，检索量达4.85亿，公司很快就实现了盈利，三个年轻人信心满满，创业梦想这艘小船似乎正逐渐驶向深蓝的大海。

但是，公司想要持续盈利而且提升公司品牌价值，却不像只是做一个受欢迎的微电影那么简单，深入市场才发现，他们制作的片子很难变成企业的真实盈利。在企业宣传视频方面，市场竞争比他们想象的要残酷得多，竞争对手对于商业用户的需求非常了解，能够用低成本和高效率把他们的团队打得喘不过气来，他们引以为傲的文化创意优势很难得到体现。2015年上半年，公司发展陷入了瓶颈，这一年，除掉几个创始人的基本生活和各种成本，公司几乎没有什么利润。

他们也尝试着做一些比较纯粹的"电影"，然而，要制作一部有质量的电影比他们想象的要难很多，如何找一个好的剧本？哪里去请好的导演？演员没有名气怎么宣传？持续的投资从哪里来？这些问题让他们困扰。

问题诊断

一家优秀的企业，除了具备一定的专业技能之外，一定要找到赖以生存的支撑业务，要时刻以客户的需求为出发点，学习竞争对手的做法，提升自身在行业中的竞争力。嘉申光年团队已经具备了较好的视频制作、传播的能力，但是，要实现商业价值不能仅仅从自身的长处和喜好出发，只有真正的明确不同发展阶段主要目标市场客户，了解他们的真实需求，提供具有市场竞争力的产品和服务才能在市场站稳脚跟。

一个优秀的文创团队，需要有源源不断的创意和不断提升的专业技能，尽管嘉申光年在同龄人中已经是佼佼者，但是，面对市场上众多的专业团队、专业公司，他们的技术、构思、手法都还显得不成熟，必须不断学习行业内的标杆，不断提升自我，才能迎接更多的挑战。

嘉申光年创始人合影（左：张泽岩　中：徐麟　右：梁国超）

创业指导

2015年，张泽岩和梁国超结识了四川省大学生双创中心主任樊学斌，并入驻四川省大学生双创中心，搭建孵化平台，这是对创业团队最实在的帮扶。"中心不但没有门槛，还介绍创业导师，帮助我们发展。"张泽岩说，在省双创中心，无论是小到十几岁的在校大学生，还是而立之年的创业青年，不同年龄的人只要带着自己的创业梦想，都能获得中心的倾情帮助，这种感动是前所未有的。

第一步，向业内先进团队看齐。通过介绍中戏、峨影的专业导演、编剧和制作团队，让嘉申光年团队大开眼界，了解真正的专业团队如何运作管理，通过拜访学习，他们大大地开阔了视野。在与参与过《画皮》系列电影投资的中蓝文化传媒的交流中，张泽岩感慨良多，以前，自己过分自信自己的专业技术和团队的专业能力，现在明白只有这样深入的学习才能找到差距，也才能让团队不断成长。

第二步，精准进行客户需求调研。他们开始对已有的客户和潜在客户进行深度的调研，了解他们对于拍摄形式、展现方式、传播渠道、成本预算等方面的需求，将客户精准的细分为：成本控制型、创意需求型、形象展示型、内容表述型等，并针对不同类型的客户制定了不同的服务项目和套餐，针对成本控制型和内容表述型的客户通过标准化的套餐实现高水平批量提供；针对创意需求型和形象展示型客户提供更加定制化的深度服务。

指导效果

公司最显著的变化发生在2016年，2016年公司承接业务数量比2015年增长150%，新客户数量增加58%，全年销售额超过500万元。团队水平的不断提升和对服务对象的准确了解和精准服务，让他们迎来了创业路上的新转机。

2016年嘉申光年成为第一批挂牌中国青年创新创业板的创业项目，各类比赛的奖杯已经摆满了他们的展示墙；公司团队正准备"储粮扩军"——落实资金、充实人力。

2017年，嘉申光年获得了投资人的青睐，正谋划一个关于历史的全新影片，通过系统的辅导和学习，三个伙伴把公司的运营道路思考得很明确，要创新也要沉淀，他们在四川省双创中心起步，并且越发成长、成熟。（四川省大学生创新创业中心 刘维）

情绪管理，助推创业梦想扬帆启航

小刘毕业于某大学计算机应用专业，毕业后从事模具制作工作。因为专业对口，小刘一直希望日后能在这个行业深入发展。随着工作经验的积累、同行朋友的聚集，他慢慢开始有了自己创业的想法。

2017年年初，小刘辞职在家。失业期的他，创业愿望越加强烈，但对如何创业却越加迷茫。创业的具体内容、场地、人员、公司运营等一系列问题都令他感到无从下手，十分迷茫。在这样的迷茫中，小刘走进了黄浦区打浦桥街道创业指导服务窗口。

面对有强烈创业意愿却无从下手的小刘，街道工作人员黄佩娟老师在了解了小刘的创业计划后，主动向小刘介绍了创业见习基地，并鼓励他参与创业见习，同时又协助他筛选符合他创业需求的创业见习基地。在三个月的见习期间内，黄佩娟老师多次跟进小刘的见习情况，小刘也逐渐了解创业的各个环节，以及创业所需要的各类资源等。

创业者小刘，既是老板也是员工

街道工作人员的关注与沟通让茫然无措的小刘大受鼓舞，创业干劲也更足了。新年过后不久，他就积极奔走于黄浦的大街小巷，实地踩点勘察，为自己的创业梦想寻找注册场地，功夫不负有心人，3月底，小刘成功注册，开办了上海一浩智能科技有限公司。然而，公司虽然成功注册了，小刘却仍然处于惶恐不安的状态。他对于初创期资金来源和渠道，公司发展的具体定位，心里完全没有底。

问题诊断

一是辞职创业勇气可嘉，但是对创业过程一无所知，容易加大创业失败的风险。

二是创业初期，因缺乏经验而产生焦虑、紧张等负面情绪加剧了小刘在创业伊始的困扰，影响了事业的进一步发展。

三是产品定位不够精细、精准，使得小刘的公司在企业竞争中的优势不能得到充分体现。

四是经营方法不够灵活，初创小微企业的抗风险力较弱。

创业指导

一是创业指导师黄佩娟向小刘详细介绍了创业的一般流程和发展阶段。针对辞职创业，缺乏经历的情况，推荐他参加政府补贴的创业见习项目。

二是对于小刘创业初期的不稳定情绪，黄佩娟向他推荐区中心"晓创越读"工作室平台，使他通过选读情绪管理、经营管理、创业纪传类书籍培养自我情绪管理的意识，找到适合自己的情绪管理方法。

三是利用创业专家志愿者资源，为小刘选择对应的创业指导专家，并使专家与小刘结对。通过专家的约谈，帮助小刘梳理企业的产品发展方向，最终精确定位自己的企业产品。

四是通过专家指导，引导小刘采用与第三方公司合作、强化产品设计等经营手段，增强企业市场竞争力。同时建议小刘加入行业协会，扩大自己的商圈。

五是指导小刘申请享受各类创业扶持政策，帮助他降低初创期企业发展的风险。

指导效果

在街道老师的指导下，小刘首先学习管理自己的情绪，而后他又通过创业类、企业管理类书籍进行认真学习，还结合自己创业见习时的经历和目前的创业实际做了许多笔记。

随着小刘心态的稳定、经验的积累、业务能力的增强，以及之前制作模具的工作经验，他开始在这一领域显示出了自己强劲的实力。他从谏如流，积极听取创业指导专家和街道工作人员的合理化建议，参加了上海机器人协会，将另一个工作重心放在机器人外观设计上,用吸人眼球的作品打动客户,并将后期机器人软件编程问题交由第三方团体制作,不但降低了公司的运营成本,还提高了成品的技术保障。

借助市、区、街道三方面的创业扶持政策,小刘通过享受创业见习、开办费、社会保险等方面的经费补贴和创业奖励来减轻自己创办小微企业的负担,他也因此感到未来的创业之路有了更多保障。

现在,小刘正作为青年创客军团的一员,砥砺前行,在创业的浪潮中进一步地磨砺自己。(上海市黄浦区创业指导中心、打浦桥街道)

创新营销方式　助力小企业快速发展

创业者蒋云春

2015年蒋云春大学毕业，毕业后就职于贵阳市一家民营连锁医药企业从事销售工作，在工作期间由于她的业务能力出众、工作认真负责，很快便从销售员晋升到店长职位，负责一间药店的日常运营管理工作。在她的带领下，这间药店连续几个月都被评选为公司的最佳门店，她的经营管理能力得到了展现。然而，工作了一年多后她便萌生了自己开店创业的想法，经过反复的思考，蒋云春最终辞去工作，踏上了自主创业之路。

蒋云春的姐姐在清镇市从事通信器材经营多年，拥有两家手机店，生意做得很好，蒋云春受姐姐影响，决定也开一家手机通信零售店。依靠姐姐的商品供应渠道和行业经验，蒋云春准备了15万元的创业资金，一家30多平方米的手机通信店在清镇市站街镇上开业了，姐姐还专门从自己的门店中调来两名经验丰富的营业员来帮助她。然而门店营业了两个多月销售量却很低迷，每个月只能销售30余台手机，镇上其他几家手机店每月的销量都在60～100台，她的店处于严重亏损状态。在这期间，她进行了大量的宣传，也开展了多种促销活动，但这些努力却没有带来销量的增长，看着别人的门店生意兴隆，自己的店面却冷冷清清，她的压力也在一天天增长。

问题诊断

正当蒋云春一筹莫展的时候，得知站街镇要举办一期创业培训班，蒋云春带着迫切的心情参加了培训，她希望通过培训能够寻找到解决自己门店问题的方法。培训期间她向创业指导师进行了咨询并邀请导师上门店进行指导，经过创业指导师多次实地勘察，了解到蒋云春的门面的位置在一处新建的商城，她所销售的通讯产品的种类和价格与其他店面基本一致，售后服务和促销手段也大同小异，但她店面的格局、装修、陈列摆放要优于其他店面。站街镇是一个工业为主的小镇，常住人口约有10万人以上，小镇经济状况较好，镇上的大小手机通信店共有11家，这些店都已经营了两年以上且都实现盈利，目前市场未达到饱和状态。

分析得知造成销量较低的原因有两点：

一是新建商城商家入驻率低、人气不旺，新开店面顾客认知度不高，进店人数少。

二是店面所处地理位置在商业中心主干道旁边的一条小街道上，门店离主干道有40m的距离，主干道上的人群虽然能够看见门店，但大多数人都不怎么往小道上流动，这40m拉开了蒋云春与顾客的距离，大部分顾客习惯了去主干道上的门店购买。

蒋云春向顾客推荐产品

创业指导

第一步，通过有效的促销手段来吸引顾客主动进店。吸引顾客主动进店是蒋云春最头痛和最无奈的事。从产品角度来说，通信行业每家门店所销售的产品几乎相同，很难通过产品差异化来吸引顾客。通信行业的产品价格也很透明，每家店面的产品价格也基本一致。由于店铺的地理位置欠佳，蒋云春采用了发放宣传单、张贴海报与横幅、微信朋友圈里发布广告等各种商业推广活动，但都收效甚微，创业指导师建议她采用以"手机免费购"为主题的促销活动，以达到触碰顾客的消费痒点，从而产生兴趣和购买欲望。此活动实施方案为：凡是每位进店购买产品的顾客都可以参加一次在星期六以每件商品为单位的幸运顾客抽奖活动，抽中一等奖的顾客将会得到所购商品金额全部现金返还的奖励，抽中二等奖的顾客将会得到所购商品金额80%现金返还的奖励，抽中三等奖的顾客将会得到所购商品金额50%现金返还的奖励。

第二步，进一步提升营业员的销售能力，为顾客提供优质的服务。蒋云春及两名营业员的表达能力、应变能力和服务意识都还不错，提升销售能力和服务水平比较容易实现，只要再进行一些销售技巧的学习，加强对通讯产品的特征和功能的深入了解就能够快速地见效。

蒋云春为顾客解答问题

指导效果

促销方案实施后的第一周手机销量达到30余台，在抽奖返利活动当天由于是赶集日，吸引了大量的人群围观，当日活动的3名幸运顾客得到4000余元的现金返利，从而激发了众多潜在顾客的购买欲望，当天就完成了15台手机的销售，促销方案实施一个月后，蒋云春的店面就弥补了前两个月的亏损并获得了近 2 万元的利润。此后的几个月又实施了"你旅游我买单"的促销活动,也得到了良好的反响。蒋云春连续有效的促销活动让顾客得到了最大利益,同时也让自己的店面积累了大量的人气,新顾客变成老顾客。老顾客又带来了新顾客。目前蒋云春店面的手机销量已经位居当地市场的前列。(贵州甲辰阳光职业培训学校　袁俊超)

屡败屡战的箱包创客陈少俊

有这样一位创业在上海市黄浦区小东门街道的青年,从移动摩托到移动互联网,最终落定在主营箱包拉杆箱业务的"秀乐途",10年乐此不疲创业路,秀出的是创业者屡战屡败、屡败屡战的精神,他便是陈少俊。

陈少俊毕业于上海交通大学,是一个85后热血青年。他在大学期间学习计算机专业的时候就已经开始涉足创业了。当时的陈少俊憧憬未来可以干出一番自己的事业,不甘朝九晚五的平凡,因此走上了这条创业之路。

2005年,陈少俊第一次踏上创业征程,用了1万元启动资金做迷你摩托,并将产品放在淘宝网店上销售。起初,陈少俊的生意风调雨顺,然而,一年后因收支失衡以至于亏损三十几万元,小陈面临了自己的第一次创业失利。

2009年,陈少俊又踏上了他的第二次创业之路。他准备尝试着做3G通信设备,当时3G通信技术在国内不是很火,氛围也不好,仅仅两个月,陈少俊的

创业者陈少俊(右)在创业表彰活动现场

第二次创业便又遭遇了滑铁卢。压力再一次袭击陈少俊，他一度都不知自己的明天在哪里。经过两年的休整，这次小陈把创业目标指向了移动互联网业务。但这次挫折使陈少俊开始静下心，总结毕业以来的创业经历，思索未来的出路。他说："压力再一次袭来，但是我还是不想放弃我的梦想"。于是，他花了几年的时间，耐心沉淀，准备屡败屡战，伺机东山再起。也是在这个困境下，陈少俊走进了小东门街道的创业咨询窗口，从此与街道结下了创业不解缘。通过与资深创业者的接触、交流，陈少俊领悟到：创业一定要戒骄戒躁，做到胜不骄、败不馁。

经过萃炼的陈少俊，作为创业者的姿态更加成熟了，目光也更为长远。虽然二度创业失利，他还是尝到了电商的"甜头"，他看准电商是未来趋势，蓄势待发，着手创办主营箱包拉杆箱业务的千浩网络。

问题诊断

一是虽然创业难免经历失败的考验，然而陈少俊在短期内多次创业，多次失败，同时也体现了其创业过程中急速成功急速失败的特点。因此，创业者应该静下心来认真分析，这样的经历里是否具有导致失败的共性，以免重蹈覆辙。

二是通过与小陈的交流，小东门街道的创业咨询师感到小陈有急于求成的心态，希望立即投入第三次创业行动。

三是开始第三次创业后，小陈的企业由于经营得当，用工人数稳步增加，然而创业之初，企业的纯盈利还比较低，企业用工成本压力增大。小陈虽然因之前的经历对企业经营重视起来，但对人力资源的管理和认识还没有跟上企业发展的需求。

创业指导

一是创业导师建议小陈定期与行业先驱、成功创业者进行交流，从中吸取经验，弥补自己的短处。通过交流，小陈逐渐明白自己在创业过程中的不足之处，存在企业盲目扩张、忽视团队建设、执行力弱等问题。找出问题所在后，小陈便加强了自己在企业经营方面的学习。

二是创业导师建议小陈吸取前两次创业失败的经验，在明确创业方向后给企业成立一个准备期，在准备期内进行市场分析。同时，还向小陈介绍了创业前贷款等扶持创业的政策，缓解了小陈创业的压力和成本。

三是加强创业知识方面的学习。创业指导师推荐小陈参加由政府举办的创

陈少俊团队在小东门街道启航创业指导室

业培训课程，着重提升人力资源管理、法律等方面的能力、知识，促进企业长期稳定发展。此外还向小陈介绍了青年创业社会保险费补贴政策，缓解了企业初创期的用工成本压力。

指导效果

经过一段时间的经营，千浩网络科技有限公司已经发展成为一家成熟的专注于年轻潮流旅行箱包的电子商务公司。从2012年着手准备创办第三个企业至今的5个年头里，他不仅缔造了"千浩"，而且新公司也熬过最容易"死亡"的创业第一年。在国内旅游业方兴未艾的大背景下，公司稳步发展，年销售额可达8000万元。陈少俊也经由小东门街道加入中国共产党，成为社区内的青年创业楷模。（上海市黄浦区创业指导中心、小东门街道启航创业指导室）

十年淘宝修行路

程芳，1986年出生，2008年毕业于安徽警官职业学院。大学的课程对于她来说既容易又轻松，每到晚上和周末都会有很多空闲时间，看到同学们开始各显神通的做起兼职或者小生意时，她也开始思量着用课余时间做点什么呢？平日里程芳总是喜欢在网站上购物，她觉得既方便又快捷，更重要的是节省时间，当购物网站再次出现在眼前，心里突然有了一个想法："其实我也可以开一家网店呀"！经过反复考量程芳决定卖家乡的宣纸，虽然这是一个很小众的产品，但是当时在淘宝网站上，几乎还没有店铺专业做文房四宝，而且她的产品具有地域优势，由此，她的淘宝修行路，就此打开。没想到，这一做，就是十年，而且十年中，从未改变，也从未动摇过。

小店刚开张的时候，虽然有时一周才接到一个订单，但每次听到"叮咚"的声音，都让她兴奋不已，让她看到了希望，明确了以后的发展方向，并且把它作为自己一生的事业在经营。

2008年，大学毕业回到家里，程芳很坚定地告诉父母，不打算找工作，想继续经营自己网店，没想到得到了父母的支持。她正式全职做起了淘宝网店，从了解货源、新产品拍照，到编辑产品上架、打包发货，大小事情都是自己干，虽然每天的营业额也就几百元，从早忙到晚，但心里很充实，也很踏实。功夫不负有心人，慢慢地，生意一天比一天好，2008年的销售额达到了40万元，这对她来说是个不小的鼓励。在这一年中，程芳遇到了太多不理解的人，听到太多反对的声音，同样也遇到了很多帮助她的人。程芳计划下一年的销售额达到100万元。

2009年对于她来说是非常重要的一年，程芳创立了公司，入驻了淘宝商城，同期注册了御宝阁品牌商标。同时也发现之前很多不相信淘宝、不相信网络的人，也开始注册起了淘宝账号，很多人来问怎么开淘宝店，怎么在淘宝卖东西。因为门槛低，无费用，淘宝上卖宣纸的店铺越来越多，她也意识到竞争的压力，开始把工作重心向新设的商城店倾斜！可能是正好顺应了发展的节奏，商城店优势很明显。这一年，商城店加淘宝店销售总额突破了100万元。此时，程芳深刻地体会到电子商务的时代，只有想不到，没有做不到！

2011年公司从乡镇迁到了县开发区，良好的环境为以后的发展打下了坚实的基础。公司发展了，团队也开始迅速地壮大，由原来的 2～3 个人发展到几十人。与此同时，问题也就随之出现：从来没有学习过管理的她有些力不从心，每天都疲于应对、处理繁杂的事务性问题。屋漏偏遭连阴雨，有个员工因为个人原因没有办理社保，结果下班途中发生车祸，鉴定为伤残，还申请了劳动仲裁。接下来由于产品包装不符合要求，被投诉。企业为此也付出了很大的代价。

问题诊断

创业所需要的不仅仅是有新意的项目、有活力的团队、有眼光的投资人，还需要有基本的法律常识。创业初期的法律意识建立也是很重要的，但是往往创业者却不以为然，劳动雇佣关系、公司架构、广告宣传等方面稍不注意很容易就陷入违法的窘境。同时，创业者还需要有风险意识：市场经营风险、投资风险、财务风险、管理风险、技术风险、法律风险等。缺乏对风险的相应应对措施，其结果也是可想而知的。程芳的企业在扩大发展过程中恰恰就是忽略了风险和法律，从而品尝到了苦果。

程芳公司的运营中心

创业指导

发货现场

仓储中心

一是强化法律意识。创业者选择的企业法律形态，不仅是有了保护，同时也需要承担相应的责任。因此，学法、知法、懂法、遵法、用法是一个必经之路。学习、合作与借力是达成目标的途径，参加创业培训、聆听讲座、导师指导、寻求法律援助、聘请专职法律顾问都是可取之道。

二是增强风险应对。在创业导师的引导下程芳对企业的每一个环节进行了梳理，找出可能会出现问题的地方，不理不知道，一捋吓一跳！没想到企业中还存在着那么多的漏洞。理清了思路，接下来就是要成立风险管控组织、应对预案、事前事中事后的处理流程等体系建设。

指导效果

企业经过改进后，违规犯法的事件再也没有发生过，对于突发风险也可以从容应对，企业的各项业务开始迅速发展。2013～2014年，宣纸价格大幅度上涨，产品供不应求，对于宣纸网商来说是一次很大的机遇，公司网络销售额破千万，还针对零基础练习毛笔字的群体研发了钢笔式毛笔并获得了专利认证。程芳不仅利用互联网创收，同时也推广了传统的文化，并且安置了周边90多名妇女就业，拉动了地方经济的发展。2016年程芳在杭州成立了运营中心，吸引了更多的优秀人才加入，同年销售额更是达到4500万元。回顾十年淘宝路，程芳最大的感慨就是"喜悦伴着汗水，成功伴着艰辛"！（安徽省宣城市宣州区教体局　郭军）

扬帆前行　为高校毕业生铺设创业大道

1992年出生的王振毕业于某高校珠宝首饰工艺及鉴定（珠宝鉴定师）专业，理想是拥有一家自己的珠宝设计公司。大学四年，王振的专业成绩非常优异，同时还结交了几位设计专业的小伙伴。几位年轻人志同道合，经过无数次的彻夜长谈，共同创业的想法逐步形成。王振的团队想要打造最有情趣的设计师创客平台，

创业者王振

准备基于微信服务号，搭建集合设计师，分享客，包装师的创意创新平台。利用腾讯单独开放端口，设立独一无二的转发机制，让更多喜爱设计的人看到好设计，让不知道去哪买设计的人找到一个真正的设计师直供平台。同时让设计师更优雅，更被尊重，也产生更多收益。此外，在线下会定期举办关于珠宝的沙龙，邀请喜爱珠宝，热爱设计的朋友一起加入，同时还会进行线下授课，将一些基础的珠宝加工课程教给那些热爱的人。但他们都是初出茅庐的年轻人，有满腔热情但对于公司注册流程及经营却是一头雾水，不知从何做起。经北京市东城区人才服务中心介绍，王振来到了嘉润创业孵化基地。

问题诊断

这是个年轻创业者在创业初期遇到瓶颈的典型案例，从目前情况来看主要存在以下几个问题：

一是公司注册流程无从下手。王振的创业想法很好，创业项目明确，但缺乏有效的管理机制和专业的财务人员，且需要大量资金的扶持，目前连基本的注册场所都没有落实。

二是缺乏运营资金，不了解融资技巧和方法。王振团队的独特之处在于摒弃了传统的实体商店，而是与时下热门的移动客户端和互联网相结合，利用微信平台打造出独一无二的网络珠宝设计平台。吸引客户瞩目的法宝在于他们将每一款珠宝都赋予了一段故事，并且成功地将设计师、厂家和顾客联系起来，打造出一站式快捷购物体验。但是在平台建立之初，他们需要大量的资金支持平台及公司运营。

三是缺乏创业经验，渠道单一。王振的团队多是设计人员，常常为了一个新的作品废寝忘食讨论至凌晨，创业热情和坚持梦想的信念着实让人佩服。但团队成员单一，缺少管理、运营等方面的专业性人才，所以也导致了设计出的产品销量不高。

创业指导

创业指导师通过多次与王振沟通，充分了解了王振的创业想法和实际困难后，为他提出了相应的解决方案：

首先，对王振的商业计划书进行了针对性的分析。王振团队拥有扎实的鉴定功底和最新的设计理念，嘉润创业孵化基地为他们免费提供了入园创业培训服务，帮助王振制作了登记注册所需要的相关材料，同时通过北京市东城区行政服务中心开设的"绿色通道"仅用了一天的时间就成功为其完成了工商注册的一系列手续，解决了他们的燃眉之急。

其次，修改完善商业计划书，为企业融资打基础。拿到公司营业执照，就是成功第一步。王振团队士气大涨，工作室配备了基本的办公设备之后，公司开始运营了。孵化基地联系了专业的老师为他们传授融资、谈判技巧，修改完善商业计划书，以助他们成功获得创业资金。

再次，因地制宜，建立适合的企业管理机制。管理机制对于创业团队来说，是不可或缺的一部分。创业指导师通过和王振团队深入地沟通，了解到他们都是同龄

玉石鉴定

人,没有太多的创业经验,创业指导师建议他们采用创新型管理模式,不同于传统企业的上下级关系制度,更多地采用扁平化管理,让团队中的每个成员都建立主人翁意识,真正做到为公司所想,做公司所需;让每个人都能找到适合其发展的方向与内容;因人而异,在日常工作中团队成员积极配合,齐心协力,希望把每件事都做得更加精益求精;在日常工作分配中,公司CEO能做到每月一规划,每周一总结,时刻修正管理办法及工作内容,更好地服务于团队成员。同时工作本着"说了""说清楚了""让对方理解了"三原则进行推进,并且不断地挑战传统,推陈出新,建立出一套适合公司模式下的管理办法。

最后,开发多渠道销售,提高品牌影响力。依托嘉润创业孵化基地,通过各种途径帮助王振的团队拓展销售渠道,利用各种渠道转发他们的线上平台,并推荐其参加北京市举办的"校园行"巡讲活动,为在校大学生分享他们的创业经历,宣传公司的同时,也为在校大学生提供了实习和就业的机会,做到线上线下多元化发展。

指导效果

经过一段时间的学习和实践,王振逐渐摸索到适合他的创业模式。从行业角度出发,鲜有人做过此类平台,更少有这种高度集中的整合了设计师与设计爱好者资源的平台。从用户角度出发,特有的机制能够有机会让更多喜爱设计的人接触且购买到好设计,让好设计不再离生活那么遥远,用设计点亮每个人的人生。从整体发展趋势来讲,珠宝领域正处于高速发展状态,而珠宝更是离不开设计,微信朋友圈转发类型第三的排名就是艺术类的分享,所以基于以上几点可以看出,设计师领域以及珠宝设计行业都将是具有十分巨大潜力与价值的。同时王振团队的转发机制可以带动设计师和珠宝城商家进行二次创业,以及在校学生等人员利用闲散时间进行兼职创业。

通过一年多的努力,王振团队不仅实现了盈利,而且被大批业内设计师、包装师和分享客所熟知,市场影响力逐步扩大。(北京嘉润创业商务有限公司 杨淇征)

企业制度篇

　　没有规矩不成方圆。大到一个国家一个社会，小到一个企业一个家庭，都需要一定的"规矩"来约束、惩罚、激励身在其中的人及其行为。中国是个"人情"社会，人们总觉得道德约束、价值观认同要比冷冰冰的"条条框框"来得更加温柔，即便在执行之时，大打"感情牌"的也比比皆是，正所谓"规矩是死的，人是活的"，殊不知这种无视契约精神的态度与行为，极大地增加了管理成本与资源消耗。大学生创业者（团队）凭着一股子激情"杀到"了这个陌生又刺激的"战场"，出于面子或时间成本的考虑，往往忽略了企业制度的建设，而这种缺失导致的问题会伴随企业发展而堆积直至"爆发"。本篇案例中的6位创业者都在企业发展过程中遇到了制度建设难题，看看创业指导师是如何帮助他们用制度建设撑起创业的大厦，渡过企业的难关吧！

模式优化助力发展　驾考学习不再难

聂小鹏出生在宜宾市兴文县，乌蒙山区的贫困县。聂小鹏的父母没有和大多数人一样外出务工，从竹器加工厂到粮食加工厂，父母不断在进行着创业尝试，这种耳濡目染让他从小就有着清晰的目标：要挣钱，挣大钱，让父母过上更好的日子。

父母的生存方式对聂小鹏有很深的影响。高考结束报志愿，父母没有对他的志愿加以任何干涉，几个志愿全部指向成都，这个城市在他心里有着无限憧憬与未来。

"我不太喜欢和其他人做一样的事情。"这种个性让聂小鹏和另外一个在旁人看来"很怪"的朋友惺惺相惜，这个朋友的标签是特立独行和自我。"'自我'并不是一个贬义词，它还代表着用尽全力为自己而活，现代人大都喜欢活在别人的眼里，有时候很羡慕自我的状态，能跟自己和谐相处是一种能力。"但聂小鹏和他的朋友又有本质的区别——他坚持，并不执拗。

尽管他刻意让自己在举手投足间看起来成熟稳重，但毕竟是20岁刚刚出头

创业者聂小鹏

的年纪,细微之处仍欠缺岁月的雕刻和洗礼。聂小鹏不喜欢在人前提自己的年纪,"害怕人家认为'嘴上无毛办事不牢'"。其实,算上这次创业,他已经在社会上摸爬滚打好几年了。

大学期间第一次兼职是通过中介当上了房地产销售代表,每为房地产公司带来一位客源,就可以获得相应的提成,这对一个大学生而言,确实是一笔可观的收入。当月,聂小鹏就做到了小组第一,除了丰厚的提成,更重要的是收获了前所未有的自信,"突然发现自己还是有挣钱的潜力"。从兼职中,聂小鹏发现了另一个商机,更大胆的想法在脑袋里生根发芽,在整个环节中,中介是投入最小,回报最大的一环,为什么不尝试做中介呢?

帮中介队伍正规化,势必要成立人力资源公司。思路理清后,聂小鹏的第一个公司成立了,主营劳务派遣,基于手中的大学生资源,帮助川渝的生产企业招聘寒暑假工,一个暑假过去,聂小鹏轻松挣到十几万元。大二开始,聂小鹏便不再问家里要学费和生活费,每年 16000 元的学费,全靠自己解决。

2014 年,制造业遇上"寒冬",很多中小型企业濒临倒闭边缘,人力资源需求骤然下降,聂小鹏迅速"嗅"出了行业风向,转而进军餐饮行业。一时间,聂小鹏经营的餐馆"霸王餐"小火了一把,每天的外卖订单源源不断地涌来,日营业额高达 3000 余元。就在餐馆生意蒸蒸日上的时候,他却冷静了下来,"做餐饮产业链长,扩展空间却很有限"。尤其是日复一日繁杂的琐事让他疲惫不堪。一个餐馆的管理不亚于一家公司,从员工管理到采购流程,都是一道道考验,风头正劲的时候,聂小鹏选择了关闭餐馆。

他好像与生俱来有着商业敏感,当一起在驾校学习的同学们还在想着怎样通过考试的时候,聂小鹏已经开始帮助教练招生了,这套模式在他看来轻车熟路,最好的时候,曾经一个晚上,他就招到 10 多名学生。这个巨大的市场像"黑洞"一样深深吸引了聂小鹏,沿着这个模式,他开始做驾校招生代理,从一家驾校到多家驾校。

"互联网+"改变了人们的生活,推动这个原本就快节奏的时代更加高速发

聂小鹏入驻四川省大学生创新创业活动中心

展,"O2O"这个词语开始在聂小鹏的脑海里盘旋,"把线下中介搬到线上,这可以获得井喷式的发展"。从设想到实践,他并没有花费过多的时间,2015 年 9 月,"叮叮驾考"正式上线,这是一个专注于为大学生学车提供保障的平台,用户可以获得双重保障——收费保障和学车保障,在学车过程中若出现报名费涨价、收取后续费用或教练吃拿卡要、服务不到位等情况,"叮叮驾考"都将双倍赔偿学员损失。"叮叮驾考"上线一个月左右,网站浏览量超过 5000,注册用户约 500 人,实际报名学车人数超过 100 人。但这个平台也出现了问题,如果学员被欺骗,平台双倍赔偿后,几次找教练索赔未果,最终以教练退出平台结束,其实对教练并没有起到太大的约束作用。

问题诊断

互联网平台的使用是把双刃剑,也是倍增器,它会把企业的优势和劣势通过互联网的高效传播而放大。因此,互联网平台的运营对于团队的服务水平要求极高,它要求团队必须设计出好的交易规则,要注意教练和学员都是平台的客户,让教练能够更多的赚钱与让学员能够轻松的学习同样重要,因此,需要形成有效的服务供应商的粘性和约束机制,并且要有强大的反馈迭代能力。

聂小鹏团队只是看到了如何给驾考学习方提供更好的服务,而且为了吸引更多的用户使用平台服务,提出"服务不到位,双倍赔偿"。但是后续如何让教考教练能够依赖平台并没有深入思考。只有通过更深层次的利益绑定,才能让教考教练对平台的惩罚规则存敬畏之心。

创业指导

第一步,让驾考教练成为合伙人。要让教练能够有责任心,必须让驾考教练跟平台成为合伙人,而要成为合伙人就必须要让驾考教练的利益与自己提供的服务关联起来,改变单纯的以订单结算的模式。通过订单结算、月度好评奖励、年终服务单次分工等多种方式,让教考教练的利益与平台的利益高度一致,增加驾考教练的违规、违约成本。

第二步,先自营后合作。购买教练车,做大学校园直营驾校。要想把平台做起来,首先要把服务做好,现代人的服务要求更高,维权意识更强,因此,团队要先自己把服务的核心节点进行反复尝试和验证,通过学习"京东"、网易考拉等平台的经验,先通过自营来保证服务质量。

指导效果

这套模式确实收效良好,杜绝了以往教练端的问题。现在,"叮叮驾考"已经覆盖了成都的75%以上的高校市场,已经成为成都高校驾考市场的第一品牌,2016年全年共服务超过1300人次,比2015年增长了13倍!在聂小鹏的蓝图里,一年过后将覆盖全国的高校。"先铺面,再做点,我的目标并没有很宏大,抓住市场份额的5%,这个目标会让事情变得简单许多。"

在四川省双创中心,"叮叮驾考"是极具个性的存在,明黄色的宣传物料贴满了整个办公室,有趣又活泼。"省双创中心的创业氛围是十分难得的,我喜欢每天跟其他创业小伙伴一起奋斗的感觉,这在其他孵化器是没法得到的,特别是中心工作人员热情随和,在得到中心提供的便捷的同时,还能获得许多帮助和关爱。"

创业两年,聂小鹏仍然精神抖擞,"不是每个人都必须创业,但如果选择了这条路,就要放下包袱,轻装上阵。"但行好事,莫问前程,对他而言,创业才刚刚开始。(四川省大学生创新创业中心 刘维)

企业制度化管理
给力大学生月嫂中介公司规范发展

农村女孩张玲2014年7月结束了四年的大学生活，在校她成绩优异，曾担任过学生会副主席，毕业后她毅然放弃在大城市的就业机会，决定回乡创业。她先后从事过家教老师、私企销售等工作。在2014年国家鼓励"单独二胎"的大背景下，新生儿数量增加，对家政月嫂人员需求增大。她看到这个商机，于是在2015年年初和几个同学成立合伙企业，创办了一家家政月嫂中介公司。张玲没有公司管理的经验，但对事业充满信心，凡事都亲力亲为、身先士卒，一边联系客户、一边招聘月嫂，"财务、出纳她一肩挑"，三个月

运城市人社局免费家政月嫂培训

的时间公司已有五名管理人员,十来名家政、月嫂。她在公司管理上认为"只要业务做好就行,有什么事只要对公司好,不用和其他人商量""要人性化管理,不能把什么都定得太死",所以一直以来相关企业制度没有得到有效落实。但随着时间的推移和业务量的增大,公司还是粗犷式经营,人员迟到、早退、旷工开始普遍发生;管理人员业务派单混乱,家政月嫂人员存在私自接单,离职率开始上升;有的月嫂没有接受过相关培训,服务也屡遭顾客投诉;财务管理不规范受到税务部门的处罚;原先创业时合伙的几个同学没签合伙协议,但现在见状纷纷提出退伙;订单减少,资金开始短缺,公司只做中介,一直没有新业务,经营一度恶化。

问题诊断

张玲目前遇到的创业困境主要原因是没有推行企业制度化管理。

问题1:成立合伙企业,但没签订合伙协议。张玲在创业之初选择了合伙企业这一法律形式。合伙企业有着融资能力、互补性强的特点,但没有签订合伙协议。她认为"只要业务做好就行,有什么事只要对公司好,不用和其他人商量"。这造成了其他合作伙伴优势难以得到发挥。由于没有规定退出机制,在公司经营比较困难的时期合作伙伴提出退出,这使经营状况进一步恶化。

问题2:日常管理制度不健全。公司追求"人性化管理",但家政月嫂行业是劳动密集型行业,加强人员的日常上下班管理是十分必要的。没有相关考勤、请假制度造成人员迟到早退、旷工开始普遍发生,这对企业后续经营管理很不利;健全的公司财务制度是现代化企业管理的基础。张玲在创业初期"财务、出纳她一肩挑",公司一直以来也没有履行相关的财务制度,致使出现少报税的情况,受到了税务部门的处罚。

问题3:没有建立合理的薪酬制度和培训机制。在公司中,员工分为管理派单人员和家政月嫂服务人员。张玲没有建立合理的薪酬制度。管理派单人员的工资没有和接单量挂钩,造成接单不积极,派单只派给自己熟悉的月嫂,公司对月嫂派单提成过高,导致月嫂工资较低。此外,没有建立内部业务培训机制。有些月嫂没有资质证书,家政月嫂的工资没有和服务水平高低挂钩,造成私自接单和人员流失,顾客投诉多、订单量减少。

问题4:盈利模式较为单一,没有拓展新业务。家政月嫂公司盈利只来源于为客户和月嫂对接后所收取的中介服务费,在订单减少的前提下,没有其他新业务的开展。

对月嫂进行月子餐知识培训

创业指导

针对张玲的创业公司目前面临的问题，创业指导老师给出以下建议：

首先，召开合伙人会议，补签合伙协议，发挥互补性。向合伙人说明公司现在面临的问题，对张玲自身的原因要坦诚面对，争取合伙人的谅解，积极劝说大家暂时不要退出，并与合伙人补签合伙协议。协议上重点注明利润分配、亏损分担方式、入伙与退出情况、争议解决办法、合伙企业的解散与清算、违约责任等内容。积极与合伙人商议今后企业的发展方向和具体整改措施，发挥合伙人的特点和优势，充分发挥互补性。

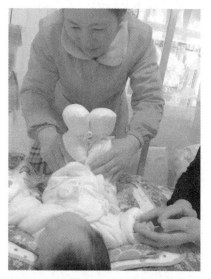

月嫂的服务得到了客户的认可与好评

其次，积极完善和落实日常管理制度。根据行业特点，结合管理人员和家政月嫂服务人员工作内容等因素，建立可执行、操作性强的日常人员管理制度；聘请专业的财务人员，完善和落实财务制度，积极申报企业纳税；使用信息化管理，完善接单派单流程，制定接单派单管理制度。

再次，建立合理的薪酬制度和培训机制。建议员工薪酬采取基本工资＋业务绩效奖励的模式，根据岗位的不同、业务量的多少制定工资标准。与员工签订劳动合同，实行规范化管理，完善内部业务培训机制，统一培训，持证上岗，工资和技术等级、服务质量挂钩。

最后，不断拓展新业务，增加盈利点。积极围绕月嫂中介，开设月子中心等差异化、个性化经营服务。不断延伸上下游产业链，积极和其他公司合作开展如婴儿游泳、妇婴用品、儿童早教等关联销售，增加公司盈利点。

指导效果

张玲在听取创业指导师的意见后，召开了合伙人会议。在会议上她积极做自我批评，得到了大家的谅解，愿意一起共渡企业难关；她和合伙人、公司员工共同商议研究制定公司的人员管理制度、财务制度，制定合理的薪酬体系，并由专人负责落实；还和合伙人补签了协议书，商议由一名在财务方面有特长的合伙人负责公司的财务管理；她还和当地人社部门联合招聘和培训家政月嫂服务人员，统一考试，颁发人社部门职业资格证书。目前她按照签订的合伙协议，和大家商议决定引入新的合伙人和资金，还准备拓展儿童摄影和产后恢复等业务。（山西省运城市人社局　荆峰）

以赛促创，老高山育脱贫果

李荣杰的家乡位于四川西南部安宁河下游的米易县黄草村，平均海拔1800m，重峦叠嶂，沟壑纵横，歌谣里藏着的世辈心愿，在兜兜转转中找寻出口。

这座深处青山，在得天独厚的自然条件中，打开了别样洞天。米易县黄草村这一季的樱桃又熟了，沉甸甸的果实牵动着全村3000余人的心，一起牵挂果实收成的，还有成都和色心也广告公司联合创始人、森林基地联合创始人李荣杰，这些果实是他对村民的承诺——走出老高山，摘掉贫困的"帽子"。

"1984年，台湾明确提出了发展'精致农业'的口号，即发展以'经营方式的细腻化、生产技术的科学化以及产品品质的高级化'为特征的农业生产。从

创业者李荣杰

此,台湾精致农业逐渐形成体系,并迅速发展起来,现如今,已跨入世界先进农业行列。"在一次赴台湾考察中,李荣杰被当地农业结合人文、旅游的模式深深启发:"在台湾,农民是一种职业,而在大陆,农民却是一种身份,我们为什么不能做出改变?我想通过我们的帮助,改变农民的生活。"

四川正在从"农业大省"往"农业强省"方向转变,怎样让"农产品"变成"农商品",怎样从结构上改革,解决农业发展的"沉疴",这是症结也是契机。

想法一旦萌芽,便迅速成长。彼时的李荣杰,还是食品行业的一名营销策划,这次台湾之行,改变了他的事业方向,转而向农业"进军"。

回到成都后,考察项目,多方调研,李荣杰迅速投入到组建团队、筹备公司中来,作为四川省双创中心的孵化项目,他的初衷和创意都得到了导师的支持、指点,"创业的过程千难万难,我却不断遇到贵人,梦想才能变得触手可及"。

米易县虽然山高路远,但却"一山分四季,十里不同天",气候适宜,水域丰盛。每次十几个小时火车的路程,李荣杰频繁往返于成都和米易,经过详细了解,他发现,黄草村的樱桃种植面积大,但由于缺乏科学管理,种植效果并不理想,也不能给村民带来直接的经济效益。

李荣杰和同事一起讨论公司项目

找到症结后,李荣杰与村民孔维军一起,改良樱桃品种,在现有耕地的基础上梳理整合,摸索出一套行之有效的新模式——"市场+公司+基地+合作社+农户"。黄草村里青壮年纷纷外出务工,村里多是留守老人,他们对李荣杰的樱桃种植并不感兴趣,怎样说服村民接受改变是摆在他面前的一道难题。

"为了让村民打消疑虑,我们到现场一户一户地告知村民,详细给他们讲解我们的种植模式。"李荣杰和村里的老人们一起给其在外务工的孩子们打电话,"年轻人的思维模式更开阔,更容易接受新鲜事物。"

然而,即便如此,深山里的农民朋友们还是对他们提出的模式将信将疑,传统农业靠天吃饭,让村民们对种植的风险有着天然的警惕,而他们自己也不敢相信,他们真的能够通过这么一些樱桃就实现脱贫致富。项目的推广在说服农民参与上就受到了阻碍,这样一户一户的做工作,让创业团队耗费了比种植本身还要多的时间和精力。

问题诊断

农业项目需要极高的资金和人力的投入,而且周期较长且风险较大,除了个别产业基金对于极个别优势农业项目进行关注,大部分的风险投资都会避开农业类项目,李荣杰团队在技术上、营销上做了大量的努力,但是他们的资源还远远不足以支撑项目的高速持续发展。农业类项目必须要得到政府关注以及政府成立的产业基金的支持。

农业创业很重要的就是跟农民打交道,但是,农民的文化水平普遍较低,而且市场规则意识较差,要想通过团队一户一户的传播模式进行复制难度极大,必须要通过典型示范模式——政府助力推广的模式,通过政府的支持和宣传,才能帮助更多的农民信任和加入这个模式。

创业指导

第一步,以大赛来获得更广泛的支持。创业导师们根据农业创业项目的特性鼓励李荣杰团队参加人社部主办的"中国创翼"大赛,通过这个大赛去学习其他项目的先进经验,跟评委进行交流互动,通过大赛充分展示项目风采,让政府部门关注这个优质的农业项目,吸引更多的政府、社会、资本资源,助力项目成长。

第二步,系统的梳理商业计划书。通过几位导师们的闭门辅导,帮助李荣杰团队对项目的发展定位、发展战略、发展模式、发展路径、发展支撑等方面进行了系统的梳理,在这个过程中,李荣杰团队也通过与导师们的互动将项目的思路进一步完善。

第三步,提升团队自我营销能力。为了更好地让团队能够展示自我,他们带着黄草村的果农前往成都、德阳、重庆、北京、深圳、义乌、广州等地进行产品推广,陆续参加了国际农产品展示会、农特产品电子商务博览会和西部博览会,通过一遍又一遍的展示、演练以及向同行们的学习,他们已经能够把黄草村的樱桃基地的优势特点淋漓尽致的展示在消费者面前。

指导效果

企业合伙人甘陆宇参加第二届"中国创翼"青年创业创新大赛

2016年11月,第二届"中国创翼"青年创业创新大赛农民工专项赛全国总决赛落下帷幕,李荣杰团队的"米易老高山"项目荣获三等奖,这是四川省唯一进入该专项赛总决赛并获奖的项目。

比赛结束后,李荣杰团队受到人社部领导的认可和鼓励,"年轻人选择农业项目不容易,要坚持做下去。"为了这句坚持,李荣杰触动极大,"创业初期,我们只剩下吃馒头的钱,啃完馒头又去谈生意,这种感觉很失落很孤独。不过我们已经在省双创中心的帮助下慢慢站起来了,现在聚焦农村电商项目,做精准扶贫,帮助传统农业实现市场化,为农民朋友尽一份自己的绵薄之力,就是我坚持下去的动力。"

"团队与中心的联系更加紧密了,无论是资金还是政策,中心对我们都是雪中送炭。"未来,李荣杰团队将往攀枝花西部的优质水果产地拓展,对接电商,联动合作社,不仅让果农脱贫,还要让他们奔小康。

在刚刚过去的一年,黄草村森林樱桃基地为全村增收800万元,帮助整村脱贫。2017年3月,黄草村森林樱桃基地被攀枝花市评为"返乡创业示范基地",其农业品牌运营结合精准脱贫的模式被推广复制。目前,黄草村森林樱桃基地已经与米易县麻拢乡签订了战略合作协议,这个拥有300余户贫困户的村子,10万亩油桃在等待着"突围"。(四川省大学生创新创业中心 刘维)

一群大学生,毕业来卖菜

——昆明"润土帮帮"城乡互助消费合作社

徐国玉是他们村里一个大学生,2014年毕业于云南师范大学。毕业后,徐国玉怀揣着梦想加入"润土帮帮",2016年他推动成立润土帮帮城乡互助消费合作社。消费合作社是将理念一致的消费者团结起来,共同与生产者开展合作,让自己的消费行为尽可能照顾到消费者、生产者、环境和当地社区的经济利益,在支持小农生态耕种的同时,可以让消费者共享食物本真味道,从根本上解决城市消费者食品安全和贫困山区生态农副产品销售难的问题。

在大家的支持下,"润土帮帮"城乡互助消费合作社影响并支持了几十个小

"润土帮帮"城乡互助消费合作社团队成员

农转型生态种养，通过消费者的力量支持了近几百亩土地连续4~5年不再使用化学农药、除草剂、化学肥料，拒绝转基因品种，保育老品种，徐国玉的团队也从很少并不稳定的几个人变成现在的9个人。

但这时的他也遇到了企业发展的瓶颈。他发现做生态农业要做好做大需要解决最重要的问题是"信任"。如何保持创立初心，如何保持信任使企业更好地发展让他很迷茫。因为他内心感受到：越商业化，越会淡化支持小农的价值，持续保障产品质量将会经受考验，信任也会面临挑战。

问题诊断

一是消费者合作社起源于18~19世纪的农业和工业革命，由消费者联合发起、自愿联合成立，以满足社员对社会、经济和文化的需求，合作社的收益由所有的会员根据本年度的购买份额分享。消费合作社概念在我国起步较晚，导致企业前期推动困难较大。

二是由于目前合作社社员基数较小，消费力不是很明显。

三是竞争逐渐增大，目前的供应链、配送、品控和商业模式都处于初期，需要更多的资金投入和人力投入。

四是消费者合作社的信任问题。

创业指导

针对问题一，创业指导师建议徐国玉加强内部团队对消费合作社的学习和理解。链接社会上对消费合作感兴趣的大学老师、消费者共同推动，建立健全合作社的整个体系。通过介绍，徐国玉对台湾主妇联盟进行学习考察，了解消费合作社的模式和共同购买的消费理念，尽快建立针对生态小农的生产标准和供货方法。

针对问题二，创业指导师建议徐国玉多分析总结社员的需求，结合需求健全供应体系，为大家的生活所需做好服务，也让合作社的社员多参与合作社的社务，彼此都相互了解，大家愿意去帮忙宣传推广合作社，让更多的消费者加入合作社，一起参与共同购买，这样消费力会慢慢集结并扩大。

针对问题三，创业指导师建议徐国玉要加大推广合作社的力度，让更多的消费者缴纳股金加入合作社，并愿意在合作社里购买所需生活必需品。随着合作社的扩大，消费力也在扩大，各个板块会越做越专业。

针对问题四，首先，建议徐国玉把消费者、生产者、运营者之间链接起来，

美丽乡村生态游

产品品质溯源（PGS探访）

让参与者相互看得见、摸得着，来增加彼此间的信任。其次，针对产品品控做PGS（参与式保障体系），PGS是国际上除第三方有机认证以外的另一种有机农业认证方式，比较适合于小农的产品质量保障体系，PGS基于当地的利益相关者主动参与，对生产农户进行评估。再次，组建由消费者参与的品控小组，协助农户进行生产记录、生产直播,收集农户故事、产品故事,建立农户档案并公示,然后组织消费者生态农耕体验、美丽乡村生态游、新品溯源和产品品鉴活动。最后,对农产品做农残和重金属检测并协助农户改进生产,用完整的、透明的管理流程来取得消费者的信任。

指导效果

经过半年的计划调整,消费合作社在本地生态农业领域表现更加突出和有成效,消费者也对这种新模式产生很高的兴趣,愿意加入,也愿意参与一些义务职工作,在推动农户转换为生态种养农户上有了信心,产品品控 PGS(参与式保障体系)逐渐成熟并产生较好的效果,润土帮帮成员所做的事在消费者心里逐渐被接受和信任。

2016 年 8 月,联合了近 50 位消费者成立昆明润土帮帮城乡互助消费合作社,销售额突破 200 万元。2017 年开设另一个社区店铺帮帮生活小铺作为合作社的载体,实现在供应链、品控、消费端逐渐向系统化、专业化转变。

帮帮生活小铺——社区服务以及城市体验空间

2017年4月,"润土帮帮"城乡互助消费合作社召开了第一届消费合作大会,选举产生第一届理事会、监事会,理事会带头成立合作社的社务组、教育小组、设计小组、品控小组(PGS小组),理事会、监事会和各个小组都是由消费者作为义务职参加。徐国玉带领的运营团队作为受薪职。

目前,"润土帮帮"城乡互助消费合作社的销售每年都以50%以上的速度增长并不断提高。合作社是一件让内心很踏实也很快乐的事,现在还处于发展初期,随着不断地完善和发展,徐国玉推动的消费合作社会让更多的小农转换为生态种养,昆明本地的消费者也逐渐认可他们所做的事,也愿意加入,把有社会价值的事做得更好。

用制度撑起创业的大厦

傅煜博，1988年出生于滕州市西岗镇傅楼村。从小就对玩具构造充满浓厚兴趣，大学时选择了钟爱的机械设计制造专业。2008年奥运会成功举办后，傅煜博敏锐地意识到全民健身运动必将在全国铺开，如果尽早研发出适销对路的产品，健身器材将会有广阔的市场前景。毕业后，傅煜博回到家乡注册了山东大富嘉实业有限公司，利用父亲一个经营很不景气的机械加工厂开始进行创业。

创业初期，困难重重。由于公司缺乏技术人员，研发产品主要靠他这个"总经理"亲自上阵，设计、研发、管理、销售等一系列问题让他忙得不可开交，长时间、高强度的工作终于把这个身强力壮的小伙子打倒了。生病期间，创业导师前来看望，并语重心长地告诉他：做大事者，要有规矩。要学会抓大放小，不能眉毛胡子一把抓。创业大厦不是靠一个人支撑起来的，要用完善的企业制度做框架。于是，傅煜博回到公司后，开始聘用和培养管理、研发、销售人才，逐渐形成了各个职能部门分工明确、运行有序，"傅老板"也"闲"下来了。

但傅煜博深知，健身器材行业竞争激烈，要想生存，就需要不断研发契合市场需求的产品。在公司独立研发"太极轮"时，由于制造工艺难以达到预想的设计水平，傅煜博就返校向老师求教，组织攻关小组，通过上百次改进试验，终获成功。产品投入市场后，"太极轮"以其科学的设计、优美的造型、实用的功能，受到广大消费者的青睐。但令人没有想到的是，随着产品的大量生产，瑕疵产品数量也随之增加，为了保证企业的信誉和口碑，傅煜博坚决不将瑕疵品投入市场，这也让企业的成本压力不断增加。

问题诊断

从傅煜博前期的创业经历来看，是很多初创企业都要经历的过程。一般由"单枪匹马"到"核心成员"再到"专业团队"。正是由于公司成立之初规范的人事制度尚未建立，凡事都由"总经理"进行决策，这种管理模式虽然便捷、灵敏，但随着业务的拓展，必然导致管理人员压力过大，只顾"低头拉车"，无暇"抬头看路"。创业导师的前期指导及时帮助傅煜博调整了公司的人力资源管理模式,走出了管理困境,但随后又遇到了生产难题。傅煜博坚持认为产品质量才是企业生存的根基,只有高质量才能成就好口碑。但怎样才能高效率地生产出高质量的产品呢?这也要从制度标准入手,严格控制每一个生产环节,让工人有章可循。

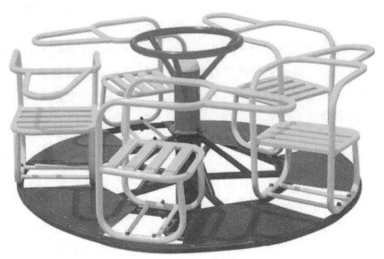

大富嘉产品——儿童转椅

创业指导

导师了解到他的疑惑后,主动联系了当地的几家品牌企业,一起去实地考察。傅煜博注意到,凡是做出品牌的企业必然有一套严格的管理和生产制度,有了制度的遵循,生产就有了标准、工人就有了标杆。考察回来后,傅煜博努力学习管理和生产制度方面的知识,同时积极与创业导师和前辈进行交流,很快建立起了较为完善的管理制度和生产标准,组建了产品质量监督团队,对产品质量进行全链条、全流程的严格把关,坚持"三个不"原则,即"有质量问题的原材料坚决不用,有质量问题的产品坚决不出售,有质量问题的投诉坚决不回避"。公司生产效率很快提升,残次率也降到了历史最低点。

在公司逐渐步入正轨后,导师提醒傅煜博,"大富嘉"已经度过了初创"危险期",要想获得更大的发展,就要将"创新"作为企业发展的灵魂。于是,傅煜博开始加大对产品研发的投入力度,组织研发团队进行市场调研,根据市场群体的不同需求,将市场进行细分,采取个性化、人性化的设计方式,连续推出"双位摸高器""露天摇摆椅"等产品,深受老年人欢迎。为了增进产品体

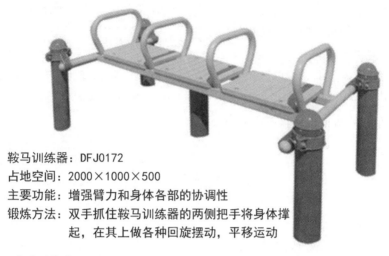

鞍马训练器：DFJ0172
占地空间：2000×1000×500
主要功能：增强臂力和身体各部的协调性
锻炼方法：双手抓住鞍马训练器的两侧把手将身体撑起，在其上做各种回旋摆动，平移运动

鞍马训练器

验，傅煜博率先在滕州市内建立了 $1000m^2$ 的体育商城和 $200m^2$ 的文体超市，通过器材展示、客户体验等方式，让更多热心健身的市民了解他们的公司和创业团队，公司产品的知名度和美誉度也不断提高。

指导效果

经过几年的发展，"大富嘉"品牌的室内外健身器材、体育器材、休闲设施等5大系列600多个品种的产品先后通过了 ISO 9001：2008 国际质量管理体系认证、国家体育用品质量监督检验中心认定，创造了公司建立至今产品质量"零投诉"。

傅煜博始终认为人才是决定企业未来的关键，为发现、培养人才，公司经常组织校友到工厂实践学习，目前已有 1000 多名毕业生到"大富嘉"实践学习，48 名毕业生加入傅煜博的创业团队。傅煜

大富嘉产品——单位晃板

博因此先后荣获"全国十大杰出新闻人物""山东优秀大学生创业者""枣庄市青年创业致富带头人"等荣誉称号。

现在的"大富嘉"正逐步由集开发、设计、制造、销售、安装、售后服务于一体的专业生产商，向塑胶跑道及球类场地铺装、园林绿化工程等领域迈进，可以预见，不久的将来它必将成为一个链条化、全方位抱团发展的实业有限公司。（山东省滕州市人力资源服务中心）

企业制度不流于形式，
助力项目快速收割市场

杨候出生于广西大山深处，"必须要读书才有出路"，伯父的这句话像是一盏明灯，指引他走到了今天。作为小山村里有史以来的第一个大学生，出身寒门的他，要从大山隔绝的环境里"蹦跶"出来并不容易。崎岖泥泞的山路横亘在他的求学之路上，从小学到初中，每天上学往返需要4个多小时，九年的时间里，这趟路走得异常艰辛。好在，封闭的大山给了他贫穷，也给了他自立自强的土壤。

从广西小山村考入西南民族大学，对杨候来说，短暂的兴奋过后，是高额学杂费带来的忧虑。为了减轻家庭的负担，从大一开始，杨候就决定自己赚钱交学费，为此，他

创业者杨候

摆过地摊，卖过手机支架、二手平板电脑，什么东西赚钱他就卖什么。那时的他，赚钱的目的简单又直接——挣钱供自己读书。

为了用脑力赚钱，大学期间，在一场暑期实习的招聘面试环节，他递给了面试官一份30页的文件，面试官很难相信，眼前的这位年轻人能做出这样一份文件，抑制不住的惊讶，"你是我面试15年来，第一个这么干的！"

这份30页的文件是杨候为北京中关村一家企业制定的转型发展规划。当时正在读大二的他，与大三大四的在校学生相比，经验不足，知识储备不够，能够应聘上岗的机会渺茫。为了增加上岗的机会，杨候对这家企业做了全面的调

研。从企业的人员配置到组织架构,他都熟记于心,并且为公司制定了一份详细的发展规划。这份规划,也让杨候从200名面试者中脱颖而出,成功拿到这家企业的offer。

"现在我去企业打工,一个月能挣一万,选择创业或许每个月的收入只有五千,但我情愿选择后者,我希望用现在的时间投资未来。"大四期间,在毕业论文导师的帮助下,杨候参与创建了"企管家"项目并负责该项目的市场推广工作。对杨候来说,这是创业的起点,是机遇,也是挑战。

"企管家"项目通过技术创新、业务流程创新、服务创新为小微企业提供优质低价的工商及财税服务,市场前景非常广阔,但在项目创立初期推向市场的过程中,团队的执行力不足却一度困扰了杨候很久,公司制定的规章制度也因考虑到创业期更多地需要人性化管理而流于形式。

问题诊断

很多企业管理者抱怨员工执行力差,认为问题出在员工身上,却没有反省自己,没有从自身找原因。要知道,员工执行力差,有选人、用人的问题,也有企业制度的问题。企业发展好坏除了与选人、用人有关,关键在于企业的体制与机制是否能很好地激励员工的积极性,增强团队的凝聚力,进而增强员工的执行力。

杨候团队在创业初期虽建立了规章制度,却因管理经验不足而使制度流于形式,缺乏制度执行的力度,制度体系并不能如预想中那样对企业运营发挥支持作用。

创业指导

第一步,重新梳理完善企业的规章制度。团队缺乏制度执行力度首先要考虑制度本身是否合理和科学,制度本身不健全、不完善,脱离实际,重实体、轻程序,可操作性差,在执行过程中问题重重,难于落实,是制度执行不力的重要原因。在创业导师的指导下,杨候团队重新梳理了原有的制度,制定和完善了更公平的按劳取酬的制度,保证优秀的执行者有更高的工资、更好的待遇,从而激发员工的积极性。

第二步,加强制度执行情况跟踪,确保制度作用有效发挥。强化对制度执行的跟踪监督,就是保障企业执行力的最直接、最有效的手段。建议杨候团队建立制度执行的检查与监督机制;同时,在执行制度过程中,还应建立部门之间、员工之间相互监督的制衡机制，发现违规情况及时举报，并对举报人给予奖励，对知情不报给予相应处罚。

指导效果

入驻四川省大学生创新创业中心后，在创业导师的指导下，杨候从身边入手，充分整合资源，重新修订梳理了创业初期订立的规章制度，在严肃执行制度的基础上实行更加人性化的管理模式。现如今，杨候每周能够签约20家企业，其中大部分都是大学生创办的企业。

目前，"企管家"项目估值800万元，覆盖了350家企业，今年11月将会布局广东。对于项目的未来，杨候踌躇满志，"依托高校资源，利用人工智能，提高项目的技术壁垒，快速收割市场"。杨候现在的气质里，藏着他走过的路、经历的事、遇到的人。（四川省大学生创新创业中心 王潇君）

杨候入驻四川省大学生创新创业活动中心

运营推广篇

　　互联网时代，新技术以前所未有的姿态摧枯拉朽地改造着传统行业及其相关的商业活动，"酒香不怕巷子深"已成为过去，在这个全新的商业环境中，"酒香"已经成为充分竞争下的标配，如何让"酒香"以最快速度刺激到用户"味蕾"成为关键。小米、黄太极、西少爷、褚橙等，都是互联网营销的成功案例。总之，当下，创业者想要扬名立万，要具备两项技能，一是工匠精神，二是互联网思维。前者能让你做好产品，后者能让你卖好产品。大学生创业者是互联网时代的"土著民"，他们对新技术、新模式有天然的熟悉感，但运营推广也绝非建个社群、搞个直销、发个红包那么简单，它是以客户需求为基础，针对产品特性，综合考虑资金、时机、目标、突发情况等因素建立的一套行为组合，如使用者与付费者不同，其模式会更加复杂。

画画姑娘的创业梦

——记现代商业创业项目"陶妃陶瓷"

创业者刘洋

刘洋是一个80后小姑娘,中国美院毕业生,外表朴素,面容秀丽而端庄。从小就爱画画的她,对美术有着浓厚的兴趣,加上大学四年在中国美院的学习深造,更让她拥有了良好的美术功底。但学术与工作却不是一回事,毕业之后的刘洋对自己的未来感到十分的彷徨,经过一番仔细的考量,不甘平凡的她终于决定自己创业,走出一条不同于一般大学生的人生道路。刘洋决定把自己在美院学到的知识发挥出来,在陶瓷市场上寻找突破。

一个偶然的机会,她参加了一次杭州市创业项目展示会,从中发现了DIY银饰饰品"古银今怪"很受年轻人的欢迎,这使她产生了联想和灵感,传统陶瓷产品大多用瓶罐的方式表现,而现代的女性朋友都喜欢在脖子上挂上金银珍珠的项链,但从来没看到带有陶瓷饰品的项链,猛然的灵感为她产生了创业的冲动,她毕竟是美术学院的毕业生,立刻自己设计,专程去景德镇拜师学习制作技术,经过一段时间的学习和努力,终于将第一批陶瓷首饰制作完成。

女人爱美,尤其钟爱首饰。目前市场上所销售的金、银、珠宝做成的首饰价格较高,而陶妃首饰没有金、银、珠宝首饰那样昂贵,但又不失典雅,如凤翼天翔、蝶恋湘妃、四水归堂系列陶瓷首饰以凸显我国传统文化为主,还有一部分作品蕴含着健康、财禄兴旺、家庭和睦等美好寓意,刘洋的这些陶瓷首饰作品得到了消费者和专家的极度好评,使她信心满满,决心在市场中闯荡一番。

刘洋频繁来往于杭州和义乌，考察整个首饰市场，由于资金缺乏，她没有办法租店面，这时她想到了杭州的夜市，这是一个人流量较大，租金相对低的自由市场，刘洋的父母看到女儿投入的决心，决意全力协助她的这份事业，他们双双辞掉了工作，刘洋的母亲运用自己多年的销售经验，帮助女儿做好销售；而刘洋的父亲辞职后主动担负起后勤工作的重任，让刘洋专心地投入到产品的设计和生产中去。在一家人的共同努力下，刘洋的产品在夜市中没多久就获得了大家的关注，可以说刘洋创业的第一步还是比较坚实，但是在经营的过程中也出现了不少问题，甚至是进入了一个创业瓶颈期。主要问题还是在产品的销售渠道单一、产品种类不足两方面。在销售方面，主要以零售为主，靠自己做销售，销售量并不大；在产品种类方面，刘洋设计的陶瓷首饰种类仅限于项链，对于其他类型的产品还未涉及，因此如何把产品进行规范化运作是现在刘洋面对的主要问题。

问题诊断

一是陶瓷首饰虽然有产品特色，但是因为刘洋毫无经营理念，致使产品缺乏品牌包装。

二是陶妃陶瓷的首饰挂件设计体积都偏大，显得笨重缺乏美感。

三是陶妃陶瓷初期只做了实体店经营，因而导致推广渠道狭窄，受众群体小的问题。

创业指导

针对问题一，创业指导师建议刘洋首先要注册自己的品牌商标，品牌商标是区别于他人商品或服务的重要标志，具有特别显著性的区别功能，也便于消费者识别产品，同时拥有自己的品牌后可以提高企业的知名度，商品在流通过程中也会使商标的价值不断提升。

针对问题二，创业指导师建议刘洋在饰品的设计内容上需要与传统文化相结合，将陶瓷首饰做得更精致，巩固老客户，把握商机。

针对问题三，创业指导师建议她经营实体店的同时要创办网店，线上线下结合推广，这样才可能开发更大的消费市场。

刘洋得到了启示后，有了初步的市场营销意识，她首先去商标局注册了商标"陶妃"品牌，成立了陶妃陶瓷公司，创业指导师还把她的项目作为大学生项目参加创业项目评估，在得到专家认可批准后，她积极参加了杭州市的创业项目展示,经常在市、县举办的创业项目巡展上推广,同时她也注册了网店,线上线下结合运营。不久之后,她的特色陶瓷首饰便有了知名度,也拥有了一部分忠实的客户群。这个时候,创业指导师又再次指导她,让她利用互联网思维,引入风投资金,加快开发更大的市场。

指导效果

经过几年的经营,陶妃陶瓷小有名气,刘洋作为大学生创业代表也经常出现在报纸媒体上。目前,陶妃陶瓷这一品牌已经在年轻人中有了一定的知名度,产品也不仅仅局限于首饰了,还有车饰、家居装饰挂件等。刘洋在这几年的创业经历中,营销理念也越来越成熟,她的公司注重短期目标与长

陶妃陶瓷饰品展示

远战略相结合,将逐步拓宽产品领域,涉足家装、宾馆装饰、个性餐具等,形成以陶瓷为核心的多元化经营企业。

目前,刘洋的陶妃陶瓷公司经营状况良好,每年的销售额都在逐步提高,刘洋笑着说,她愿意把一辈子的精力都投入到陶妃陶瓷饰品的品牌事业,现在她不求能获利多少,只想走好接下去的每一步,为公司将来发展打好基础。从寥寥数语中我们看到了她的坦荡和淡泊,也想到了现在很多年轻创业者的浮躁情况,两者之间强烈的对比带给我们的是深深的震惊和尊敬。这样的心态、这样的淡泊、这样的平常心,不正是我们创业路上所需要具备的品质吗?(浙江省杭州现代商业投资咨询有限公司 陈东)

酒香伴我去创业

创业者王静

"我喜欢酒,更喜欢酒文化,当我找到合适的洋酒进货渠道,我就开始创业了。"29岁的王静揣着梦想,用做化妆攒下的8万块钱,成立了北京汇思涵酒业有限公司,主要经营原装原瓶进口葡萄酒和洋酒。

公司成立的前两个月,有创业冲劲儿的王静利用自己曾经在广告公司和影视中心做化妆师积攒下来的人脉,将自己的酒在朋友圈内推销了个遍,借着大家的支持,公司稳稳盈利。但好景不长,没有了新的销售渠道,产品开始卖不动了,这可把王静着急坏了。当初,从公司注册、租用写字间、购买酒和酒架、印制宣传单再到办理就业流通备案登记许可证,虽说都是自己亲力亲为,花费可真不少,光租金一年就4.8万,自己好多年攒下的创业基金在公司开办初期就所剩无几,再加上每月负担的商用高额水电费,这些渐渐使缺乏创业经验的王静打了退堂鼓。

问题诊断

一是对市场报以盲目利好。王静仅仅因为自己对洋酒的喜爱,就开办了洋酒销售公司,自认为身边的朋友大多也爱喝点红酒,而且随着人们生活水平的提高,中高端洋酒也逐渐会被大众所接受,抱着这种对市场盲目的利好态度,她并没有在创业前仔细思考公司的主要销售人群,所以在公司开办初期就出现了滞销现象。

公司品酒会

二是销售渠道单一，不符合产品特性。很多年轻创业者将自己的微信朋友圈、微博等信息传播渠道作为主营手段，这是不科学的。因为根据产品的特性不同，我们要选择适应于产品的销售模式。在这个案例中，顾客购买洋酒大多需要品尝，单纯在网络上利用照片和文字是无法触动顾客，说服顾客的。

三是没有做好市场调查和市场预测。选择创业项目一定要有自己的特色，王静创业初期遭遇失败的根本原因是在项目选择上，她选择的项目是原瓶原装的洋酒和葡萄酒，该项目市场已经趋于成熟，有些市场已经饱和，缺乏发展的潜力。

四是创业者缺乏理论知识，承受能力较弱。年轻创业者王静凭着一股"不折腾不甘心"的劲儿，敢想敢干，说干就干。由于缺乏一些必要的技能，如市场营销、市场调查等，甚至在红酒领域的专业知识，她也不能做到面面俱到，因此在创业初期就走了弯路，遇到了瓶颈。就在出现问题的时候，由于社会阅历比较少，心理承受能力有限，遇到挫折容易不知所措，甚至消极面对。

创业指导

创业是每个人的梦想，梦想是美丽的，但要实现梦想的过程却布满荆棘。为了帮扶年轻创业者王静的创业之路，创业指导师提出以下建议：

第一，鼓励创业者享受国家对自谋职业、自主创业人员施行的优惠政策。根据该创业者流动资金少、资金量不足的现状，社保所按照相应的政策流程，为王静办理了一次性领取失业金，将一万余元一次性发到她的手中，帮她解决了短期资金短缺问题。

第二，告诫创业者要在知识上武装自己。参加一些必要的创业培训，使自己对创业有一个整体的概念，同时对创业中可能遇到的问题能有一个理性的分析。

第二，扩大交际圈，拓宽销售渠道。一是鼓励王静跟着朋友经常参加商务会所和画廊定期举办的品酒会，这样既能扩大交际圈子，也能开拓酒的销路。二是要充分发挥实体店铺的优势，将更多的朋友迎到公司，让他们有机会亲自品尝到手工葡萄酒和洋酒与国内酒的不同。三是彻底打破朋友引荐的销售模式，主动向公司附近的写字楼做定期的优惠活动，挖掘企业员工聚会等巨大需求。

第四，推进市场调查，挖掘市场潜力。在销售的过程中，要留心客户的偏好，尽量避免竞争激烈的项目，多选择一些朝阳项目，避免盲目跟风，要学会在市场上做到理性分析。

第五，充分利用互联网技术做好产品形象定位和宣传。要根据产品形象以及产品所对应人群的要求，利用微信、淘宝等交互平台做产品推广。

指导效果

通过一年多的努力，公司的主打酒定位在手工葡萄酒上，客源非常稳定，月纯利润达到三四万元。王静说她现在又有了新的想法，想和手工葡萄酒俱乐部一起合作，希望自己的葡萄酒和文化能为更多的人带来品质的享受。（北京市社会保险基金管理中心　王菲）

广州极光摄影工作室的再定位与转型

小陈是一个摄影爱好者,对摄影有着浓厚的兴趣,工商管理专业的他在大学期间自费参加摄影培训班,学习了专业的摄影技术。毕业前,在家人、老师和朋友的支持鼓励下,小陈决定自主创业,开设摄影工作室。经过简单装修后,又购置了工作室的设备、摄影道具、服装,还聘请了两名员工。2010年12月,广州极光摄影工作室正式投入运营,主要承接婚纱摄影业务。

由于小陈的摄影技术过硬,在大学期间又通过各种摄影活动,积累了一定的社会资源,同时网络宣传、推广方式得当,再加上价位合理,工作室经营初期就陆续承接了不少婚纱摄影业务,公司很快就走上了正轨。但经营一年后,问题出现了,这一年来,业务量虽然充足,但是收益却只有4万元左右,若是到公司去做摄影师,待遇远高于目前的收益,小陈觉得他目前的状态就是"劳心劳力,累得要死,还不赚钱"。他觉得,虽然在做喜欢的事,但按工作室目前的情况,做大做强遥遥无期,物质回报与投入不成正比,而且没有时间自我提升,对继续创业的信心有所动摇。

问题诊断

小陈目前的核心问题是创业现状与本人预期相差较远,一是物质回报与投入不成正比,二是投入时间过多。因此,解决问题的重点就是如何改变创业活动占用时间过长、收益过低的情况,可以先思考几个问题:

第1个问题:若以现有规模,如何提升利润率?
第2个问题:是否可以通过扩大经营去获得更多的收益?
第3个问题:如何增加自由支配的时间?
第4个问题:是不是有既能提高物质回报,又能增加自由支配时间的方法?

创业指导

针对以上4个问题,可以从两个方向进行指导:

广州极光摄影工作室

方向一：控制经营成本。要解决产品利润不高的问题有两个途径，一是提高产品定价，二是控制成本。小陈认为从工作室名气来看，产品定价与市场价格水平相当，产品提价意味着客户的流失，业务量的减少对工作室的运营会产生负面的连锁反应，所以提高产品定价是不可行的。在成本控制方面，现在工作室选址在交通便利的中心区域，房租占营业额的30%～40%，创业指导师建议他在选址上可以选择稍偏远的地方，这样租金能节省出一大半，唯一的不利因素是可能会影响顾客对工作室的信心，但做好推广工作，影响不大。

方向二：业务转型，降低时间成本。婚纱摄影业务有客户接洽、下单、前期沟通、拍摄、后期制作等多个环节，每个环节投入的时间都很多，客户摄影时间较多都安排在周末或假期，是直接导致工作室经营时间较长的主要原因。业务本身决定了没有办法有更多自由支配的时间。假如坚持目前的业务，则需要通过扩大规模来实现利润的增加。要想实现时间自由，需要在场地租赁、人员招聘、市场宣传、业务拓展等方面投入大量的资金，小陈觉得目前工作室没有实现条件。

创业指导师在帮小陈分析工作室的各项业务时，发现他曾经帮朋友拍过一些产品摄影，用于在淘宝网上售卖的产品，对设备的要求不高，产品拍摄单价

设备调试

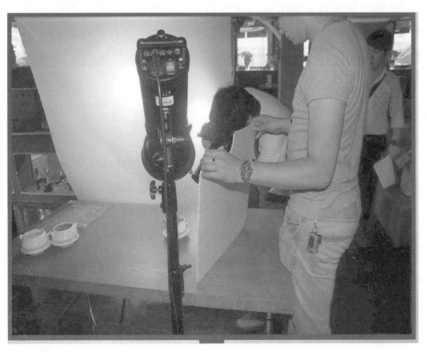

产品摄影中

基本在15～30元间。创业指导师建议小陈可以由婚纱摄影转向产品摄影，产品摄影与婚纱摄影相比，有几个突出的特点：第一，产品的拍摄不受时间、天气、空间的限制；第二，不需要养护车辆，省下一大笔开销；第三，一天可以拍摄50个左右的产品，以天为单位计算，单位时间内的业务量与婚纱摄影相当；第四，产品拍摄的客户是可重复利用的资源，只需花少量的时间进行客户维护就可能带来持续的业务，开发业务的时间会呈递减趋势。从营业收入来看，以平均20元单价、一天最少拍50个计算，满负荷工作，一年的业务量能达到30万~40万，而重新选择工作室的场所对业务不会有影响，因此，相比较目前的婚纱摄影业务，租金大幅下降、后期材料成本很低，纯利润将大幅提高，而且客源相对稳定，开发客源的时间成本也会不断下降，未来将可能有更多的时间自由支配。

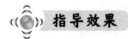

指导效果

2012年2月，极光摄影工作室搬到了广州市荔湾区桥中坦尾工业园，同时制作了宣传网页、开通了微博，一边经营婚纱摄影业务，一边通过网络宣传、到火车站周边批发市场派发宣传单等方式积极开拓产品摄影业务。经过几年的发展，目前产品摄影已经成为工作室的主营业务，月收入达到了近3万元，年利润较搬迁前增长了3倍多，而工作时间比转型前减少了近30%。（广东工业大学　林志桢）

"好吃嘴儿"用面包撑起创业梦

2011年,王允从四川大学毕业,就业这道门槛横在了他的面前,他开始四处投简历、参加招聘会、报考公务员等,忙了个不亦乐乎,后来他选择了销售酒类饮品,做了一段时间销售后,他一来感觉做这行前景不好,二来这的确不是他的兴趣所在,十分苦恼。

"我喜欢美食,我就是个'好吃嘴儿',我干脆去经营饮食行业。"王允在一次和朋友的聊天中,冒出了要在饮食行业里创业的念头。他说干就干,通过市场调查、网络查找和实际考察等方式,结合宜宾当地的消费情况,筛选出了自己感兴趣的创业项目,决定加入"帕××"面包全国连锁店。

随着宜宾人消费观念的更新,更加注重享受生活品质,不但要吃,还要吃得好,吃得有品质。"帕××"这个品牌各方面已经比较成熟,品牌来自马来西亚,意思是"爸爸的面包",非常受时尚的年轻人喜欢。王允的"第一桶金"来自之前从事几项工作积累的存款,父母听了他的想法后,也在资金上给予了支持。启动资金20万元到位后,王允在选址上又发起了愁,这时,他身边做生意的朋友和创业的前辈们纷纷为他出点子,他将店址选定在宜宾的新兴商圈莱茵春天大型商场LG一楼公用区域的手扶电梯旁,这里租金相对便宜,客流量也大,又接近儿童娱乐区。在接受总店考察后,他奔赴总店学习制作面包的技术。

"第一天营业时,我和服务员们围上统一围裙,心情还是挺激动的,那种'追梦'的热情依然在心中汹涌。当第一个顾客光临时,我几乎是颤抖着双手把面包递给了她。"回想第一次营业,王允的眼睛发亮。

但经营近一年时间后,王允的小店平均月营业额达1万多元,在宜宾同等规模和投入成本的经营实体店中,收入只能算是一般。对于目前的情况,面包店维持日常经营还可以,但要想有大的发展几乎不可能,这让王允对面包店的发展开始担忧,不知道下一步该何去何从。

问题诊断

针对面包店目前的经营状况,王允应该先解决好现阶段运营问题,再考虑今后的发展问题。经过创业指导师的实地考察,发现面包店主要有以下几个问题：

一是商场并不像预期一样人气旺，客流量较开业期有逐渐走低趋势；

二是王允对店铺的宣传还不够，特别是网络方面的宣传；

三是产品较为单一，面包烤制技术不稳定，有待进一步提高；

四是服务员流动性太强，服务水平也不稳定；

五是经营场所较小，只能允许4个人同时就餐；

六是创业者抗压能力还有待加强，用他自己的话说当老板了考虑的事情更多了，所有问题都要自己一力承担并解决，营业额的变化对他的情绪影响也很大，同时他对当前本地经济发展趋势、人群消费心理的预判力和把握力也有待加强。

创业指导

针对王允目前的经营情况和遇到的困难，创业指导师为他提供了相应的解决方案：一是将店铺尽量与所在商场开展的各类节假日活动相关联，在顾客大量涌入的情况下占有一定销售份额。自身也可以利用中西方的节假日开展优惠活动，比如"父亲节"开展父爱主题活动，把品牌文化和经营销售联系在一起；二是利用多种渠道进行宣传推广。比如：电视、广播、微博、微信等宣传平台；三是加强学习，可以与其他地方经营状况好的加盟店和总店交流烤制技术，在总店允许的情况下，适当开发新品种；四是适当提高服务员工资待遇，加强管理的同时也要多和他们交流，让他们参与到决策中来，留住员工；五是租用周边公共区域添置座椅，座椅设计摆放注重时尚和温馨，扩大顾客容纳量；六是寻求当地政府支持。一方面参加政府举办的各类创业培训班，提高自身综合能力，同时还可以进入大学生创业QQ群，与其他创业者交流经验、分享创业心得；另一方面申请相应的创业优惠政策。

指导效果

通过对面包店进行改进，王允的经营状况较之从前有了明显改善。对于未来，王允的计划是稳扎稳打地做好现在这家店，以后能在宜宾其他商圈开分店。

（四川省宜宾市翠屏区就业促进局　胡静　周红）

为昭通之崛起而返乡

翁旭毕业于昆明理工大学建筑工程学院。虽然生长在农村,但从小就有一颗不安分的心,翁旭有着天马行空的思想,从不按套路出牌,当其他同学都在忙着学业、忙着享受大学四年美好时光的时候,这个内心不安分的小伙子却频繁地出现在学校的各大社交场合,搞社团、摆地摊卖书、酒吧拉单……大学毕业后,微博里一篇"为昭通之崛起而返乡"的帖子打动了翁旭,他决定回到昭通,为正在发展的故乡贡献一份力量。

2010年,一无所有的他义无反顾地回到昭通,开始了长达3年的工地生活,翁旭明白,少说多做,只有干出来的精彩,翁旭很快熟悉了工地的各种协调、管理的流程。但时间长了,翁旭也很迷茫,打工不是长久之计,自己以后到底要做什么?工地的三年是翁旭人生最宝贵的三年,他学会了孤独,学会了坚韧,

创业者翁旭,为农户讲解苹果的种植方法

学会了在痛苦中寻找希望。那个顽皮、放荡不羁的少年少了一些稚嫩，多了许多沉稳。也是这三年里，翁旭迎来了人生的第一次转折。

昭通是苹果之乡，翁旭想，如果规模化种植苹果并规范管理，不仅能降低生产成本、提高品质，让苹果卖个好价钱，还能让自己致富，探索出一条发展之路。

这个想法恰好符合发展高原特色农业的定位，也符合当时国家提出的产业扶贫、精致扶贫的战略。

工地的生活历练了翁旭，也赚到了人生的第一桶金。在反复调研和学习后，翁旭和合伙人采取"租金＋分红"的方式开始土地的流转工作，起初很多农户不愿意把土地拿出来，后来在地方政府和村两委的促成下，翁旭和他的团队给老百姓一次又一次的开群众会，单独疏导，跟老百姓讲述了村子的发展思路，最终实现了1020亩土地全部流转，公司成立，项目正式启动。但种苹果不是挖个坑，栽棵树这么简单，组建团队、专家指导，翁旭不得不四处学习考察，从传统乔化种植到矮化种植，从山东苹果产区到陕西苹果产区，从静宁到阿克苏，直到和中国苹果专家孙建设和马君老师相识，苹果园建设全面动工。但好景不长，很快，自有的资金花光，施工被迫叫停，工人罢工，长期驻守果园的翁旭一边劝说施工队，一边解读政策，申请政府扶持，每次将要绝望的时候，翁旭总盼着苹果树长大，因为再不长大，他便撑不住了。翁旭用"星星之火，可以燎原"来形容农业创业，也可以说是未来一片光明，前景一片大好，眼下却是寸步难行。

问题诊断

一是有机农业前期资金投入较大，回报周期慢。通常情况下苹果树苗在种植后2~3年才可结果，达到果树的盛果期要5~6年，所以农业创业项目属于回报周期较长的项目，前期的资金投入量又较大，翁旭的企业在种植果树期间缺少有效的资金流支持，所以导致了企业发展缓慢，停滞不前的现状。

二是有机苹果缺少有机认证，宣传力度不够。有机苹果在种植过程中要严格按照有机食品种植标准和生产加工技术规范来进行种植，在种植过程中绝对禁止使用农药、化肥、除草剂、合成色素、激素等人工合成物质，只有这样种植出的苹果才能称为有机苹果。翁旭对种植过程严格把关，每一道工序都按标准来进行，但目前还没有申请有机苹果的认证，对于苹果成熟后的销售渠道会有一定的影响。

成熟后的苹果树

创业指导

针对翁旭目前的问题，创业指导师提出相应的解决方案：

首先，建议翁旭积极向相关部门争取政策支持，比如：人社部门的创业担保贷款、农业部门的相关补贴政策。由于翁旭目前的创业项目生产周期较长，为寻求企业新的发展，建议翁旭开发新的产业，实现以短养长。综合分析后选定连锁咖啡馆作为突破口，原因有三：一是新产业与有机苹果种植可以客户群重叠；二是咖啡馆回报快，每天都可以产生现金流；三是咖啡馆还可以作为有机苹果的销售平台，开发餐饮、农业采摘、店面销售等一系列服务。

其次，建议翁旭加快有机苹果的认证，充分利用电商平台推广有机苹果，提高昭通有机苹果的知名度。

指导效果

在创业指导师的帮助下，这个内心极度不安分的小伙子再次点燃了创业的激情，经过认真的考察和市场调研，翁旭的澜山咖啡馆开业了，是一家以摄影、

翁旭的创业团队

行拍、摄影为主题的文艺咖啡馆，同时全力打造昭通本土咖啡馆品牌。

从种下的第一颗苹果树到澜山咖啡馆开业，他头上的白发日渐增多，当所有人都心疼他像是扛着泰山在奔跑的时候，他却乐此不疲。这或许是每一个创业者内心的激流涌动的力量，五年的风风雨雨，记载了所有创业的艰辛和不易，和梦想在一起，和痛苦在一起，心底的声音告诉他"一定要坚持"。

付出终将会有回报的，它不会辜负每一个努力生活的人。2014年5月，翁旭的合作社被评为县级龙头企业。2016年11月，他生产的苹果被中国质量认证中心评定为有机苹果。同年，他的合作社被评为市级龙头企业，并被提名为省级龙头企业。作为全市现代精品农业的典范，他的阿卡拉有机苹果已与中央健康食品保障联盟、苏宁易购、步步高连锁超市、永辉超市等形成战略合作。2016年12月，他和合作伙伴再度将所创立的澜山咖啡馆做成了昭通市规模最大、辐射范围最广、就业人数最多的连锁咖啡品牌。同年还赢得了昭通市委、市政府举办的"赢在昭通"创业大赛的总冠军。

创业五年，翁旭两个产业为社会提供了196个就业岗位，也让258户精准脱贫户脱贫致富，他走在梦想的路上，也实现了创业就要能帮助更多人的想法。

（云南省昭通市就业局创业科）

初生牛犊不怕虎

——创业有思路　创新无止境

小张是典型的 90 后男孩,有梦想、有激情、思维活跃,他的人生经历可以用丰富多彩来形容。大四还没有毕业就已经有了三次创业经历:高考结束后,小张开始了他的第一次创业。小张非常喜爱电子通信方面的知识,在乐桥的冠芝林手机卖场租下了两节柜台,做手机销售的生意,暑假期间盈利一万多元。大学开学后,小张来到了四川传媒学院。也许是骨子里的创业细胞在起作用,很快就在学校附近发现了商机。小张发现大学生对一些质量好、款式特别的小

创业者小张,与客户进行项目对接

众服装品牌非常感兴趣。于是就在学校开起了自己的第一家服装店,服装店的生意很好,很快又将自己的门店扩张为 3 家,并于 2011 年在苏州开设了 DRC 服装工作室。大三的时候,天生创业者的敏锐嗅觉再一次让小张发现了商机,他发现,他所在的大学处于一个巨大的大学城之中,这个大学城中有数万名大学生和数千家商家。于是,2013 年他创办 8090 精诚联盟微信平台,是全国最早一批以大学城为基础的 O2O 校园生活服务平台,单月入住商家有百余家,粉丝会员三百多人,覆盖人群近十万人。此时,小张又准备开始第四次创业了,但每一段创业经历对小张来说都走不长远,这是什么原因呢?

问题诊断

在了解了小张的三段创业经历后,创业指导师对他的情况做了初步诊断。

优点:有梦想、有激情、思维活跃,努力将自己的想法转变成现实,并付诸行动。

存在的问题:急于扩张,缺乏管理经验,不懂得品牌推广,团队凝聚力不强。

哈哈影视传媒办公场景

创业指导

创业指导师首先肯定了小张之前的创业经历，认为他在各阶段的创业中定位准确，选址恰当，相比于同龄人有一定的社会阅历和创业经验。

针对小张的第四次创业，创业指导师为他建立了创客成长袋。

首先，建议小张带着他的项目参加姑苏金创大学生创业园项目评审会，入驻创业园。小张的项目得到了专家的认可，他以出色的表现顺利通过评审并入驻到创业园，注册成立了苏州哈哈影视传媒，小张希望以哈哈影视为起点，开始自己的传媒梦想。

其次，创业指导师为小张做了专业的创业素质测评，从领导执行力、熔炼团队、心理抗压力等维度进行测评，并请专家为他做了专业的指导和对接，分析了他创业存在的优劣势，同时还推荐他参加SYB创业培训，系统学习了市场营销、人力资源、企业计划等课程。创业的准备工作一切就绪，小张开启了创业之旅。

第三，借助外力帮助企业渡过难关。创业的最初两个月，小张跑遍了苏州许多的企业，希望得到发挥自己才能的机会，可是没有任何人愿意把这个机会给小张。创业指导师为小张介绍了天使投资人俞先生，希望俞先生能给他一些指导，俞先生让小张写一份计划书。三天三夜的时间，小张用笔写下了厚厚的一本计划书，得到的结果是十个字的答复"你太年轻了，但是我喜欢！"就这样，小张得到了第一笔天使创业基金，天使投资人也给小张介绍了许多业务，已经做好充分准备的小张没有让俞先生失望，小张成长得很快，少了年少的张狂，多了一份沉着与稳重，客户也越来越认可小张，公司的发展也走上正轨。短短的几个月时间，公司就吸纳了一批影视制作方面有思想、有技术的90后大学生，同时还将一些业务分给创业园里面其他的企业，大家抱团发展，还自发成立了创业精英联盟组织，得到了客户高度认可。

最后，广泛宣传提高企业知名度。为了帮助小张的企业进一步发展，姑苏区创业指导中心联系当地媒体，通过报纸、网络等渠道扩大宣传，提高哈哈影视的知名度，同时还推荐小张参加姑苏创新创业大赛。

指导效果

年轻的追梦人，追求梦想的道路上也许会有荆棘，但这并不是阻碍他前行的借口。他敢想敢干，勇于承担风险，好像没有任何事情能难倒他；他善于扬长避短，做事有自己的思路和策略；他胸怀坦荡，聚集了一批志同道合的商业伙伴和天使投资人。凭着闪亮的智慧和坚强的性格，无所惧怕，就像初生的牛犊一样，势要打造一片属于自己的天地。（江苏省苏州市姑苏区人力资源和社会保障局　夏艳洁）

专业运营推广　　助推淘宝小店焕发活力

创业大学生小白来自于"中国板枣之乡"运城稷山县。2015年小白大学毕业，曾有短暂的创业史，在县城开过一家服装店，因经营不善不到半年就关门歇业了。当她看到家里的30亩枣园，每年八九月份一簇簇板枣挂满了枝头，但都以很低的价格卖给外地采购商，真正能落到农户手里的利润不高时，她便萌生了利用农产品创业的想法，于是在家里开起一家淘宝小店专营稷山板枣。但网店产品没有特色，网上卖稷山板枣的数不胜数，小店一直没什么销量；同时小白也没有专业的团队支持，自己又是美工，还是客服，晚上忙着接单，白天还要寄快递，忙得自己筋疲力尽；还缺少线上推广的能力，她听信别人说刷单能帮助信誉增长，可最后却变成信誉增长了，但销售量却越来越低。

运城市人社局开展第三期微创企业技术知识淘宝培训班

问题诊断

创业指导师仔细地询问了小白的创业过程和淘宝店铺运营情况，认为小白的淘宝小店有以下几个问题：

问题1：产品没有特色。小白在产生创业想法时，能够利用自己种植的红枣作为网上开店的货源，同时在家创业省去了房租，这一点是值得肯定的。但她只是简单的在网上论斤出售产品，产品缺少深加工，包装过于简单。也没有合理地制定自己产品的价格，"别人卖多少钱我就卖多少"。产品同质化严重，在互联网销售中往往会被首先淘汰。

问题2：网上创业知识欠缺，没有专业化运营团队。小白没有接受过正规的淘宝开店创业培训，开网店也是采取边开边学，自己也是身兼数职，但都不专业。"白天忙、晚上忙"使自己焦头烂额，但总也做不出成绩。

问题3：缺少互联网销售技巧。没有以诚信经营为基础，听信别人说刷单能增加销量，浪费的是金钱，损失的却是信誉。可见小白缺少互联网销售技巧和推广知识，淘宝店运作也较为简单，这正是造成销量上不去的主要原因之一。

创业指导

创业指导老师通过"一对一"专家指导，针对她互联网创业遇到的问题给出下列指导建议：

一是接受系统培训，打造专业团队。老师推荐小白参加了当地人社局组织的免费淘宝创业培训班，在培训班上她可以对淘宝开店、网上美工、成本核算、互联网推广等知识进行系统的学习；同时还建议她可以根据淘宝开店需要的接单（审单、打单）、打包（验货、称重）、客服、财务退款等环节雇佣相应的员工，这可使整个店面变得合理有序，自己也能抽出身来专门做店铺产品的推广。

二是采取品牌化运营，打造特色产品。创业指导师建议她打造自己的特色产品。首先，把红枣产品细分为普通、优质和上品，枣的等级不一样价格也不一样，供不同的消费群体进行选择。其次，在产品的采购上不应限于自家的枣园，把真正优质的红枣挑选出来。然后积极申请食品加工手续，在线下生产核桃枣等新产品，打造人们茶余饭后的休闲小食品。在网店的运营上采取品牌化运营，设计自己店铺的logo，在包装、网店图片上都标记上自己店铺的专属标志，不断打造特色产品。

三是做好淘宝客服，以诚信经营为基础做好互联网营销。不管是实体店铺，还是网络销售都要以诚信经营为基础，一些互联网传单等行为，从本质上看都是捏造虚假信誉、欺诈蒙蔽消费者的行为。淘宝店铺经营，做好淘宝的客服是关键。首先是真实宣传不蒙骗消费者；其次是做好售后服务，在产品销售后的退货、换货、退款等环节上下功夫，靠着诚信经营吸引回头客、稳定老顾客，从而提供销量。

四是做好互联网营销。利用视觉营销等方式，把稷山板枣的种植、采摘以文字和图片的方式展示出来，突出稷山板枣特有的"皮薄、肉厚、核小"的特点；可推出特价产品限时销售，吸引消费者光顾，通过产品的组合搭配吸引关联消费；适当通过淘宝直通车等渠道推广宣传；采取多种促销形式吸引消费者，如包邮、返还现金、团购、淘宝优惠券、会员制等，以达到提高销量的目的。

指导效果

小白通过参加系统的淘宝理论学习，增强了相关互联网创业能力，组建了自己的团队，雇用了 2 名员工负责接单、客服等方面的工作。同时在网店"装修"上下足了功夫，产品打造和价格制定也更加合理和有特色。在诚信经营方面，积极做好互联网的线上线下营销，用出色的品质、优质的服务打动消费者。在专业运营推广下，小白的淘宝小店逐渐焕发活力，最近她打算加大红枣深加工力度，准备推出稷山蜜枣等特色产品。（山西省运城市人社局　荆峰）

"安小懒青年社区"项目瞄准初创团队打造高品质社交生态圈

2012年12月,刚入学三个月的大一新生张安娜毅然选择休学一年。在8个月的时间内,她足迹遍布大半个中国。"在旅行中,为了省钱,我大部分时间都住青年旅社。"张安娜说。那时她心中就埋下了创业"青年旅社"的种子:"我很喜欢'青年旅社'这种载体,希望回来后,自己能做一家'青年旅社',为驴友、青年白领提供一个住宿、交流的平台。"

2013年9月重新入学后,张安娜开始筹划自己的"青年旅社"创业计划,

创业者与指导老师合影(左起:刘威、张安娜、黄伟民、彭宇新、吴秀颖)

在商讨过程中，她发现广州并不适合做完全意义的青旅店。几经讨论后，她决定打造"青年社区"，依托青年旅舍打造特色住宿区，再融入办公区、健身区、餐饮区、休闲娱乐区。这样一来，住宿、餐厅、酒吧、书吧、开放式厨房、小花园、DIY活动、项目路演等应有尽有，"广州相比江浙、北京、上海等地没那么文艺，更加讲究实用。后来我们想到可以将其他服务整合起来，打造一个功能齐全的'青年社区'"。

2014年5月，带着自己的创业想法，张安娜参加了广州市海珠区人社局举办的SYB创业培训班，在那认识了创业指导老师黄伟民和第一个创业合伙人刘威。"刘威的计划是开连锁酒吧，听了我眼睛一亮，我这边的青年社区也需要酒吧，大家就决定一起合作。"

两个年轻人说做就做，写项目计划书、众筹、网上推广等，项目定名为"安小懒青年社区"项目，项目确定后进展出乎意外地顺利，仅仅两周时间就吸引了21个股东，众筹了43万元。他们在海珠区租住了一套约500m^2的北向望江的复式套间，开始了"青年社区"的试水。

"近500m^2的房间最多可以住50人，可以按床位单天收费，也可以按月来租住。运营期间，每天的预订率超过140%。"眼前的项目进展让她感觉到兴奋。但好景不长，由于考虑不周全，项目选址在居民楼，遭到了周边居民的投诉反对，项目在营业三个星期后被迫停止，创业计划也搁浅了。

问题诊断

"安小懒青年社区"项目是典型的大学生创业项目。大学生创业项目一般具有项目创意好，需求人群突出、广泛的特点，但普遍存在对国家政策和社群民意考虑欠周详，经营项目太多定位不精准，缺乏投资资金使核心竞争力打造不到位等问题，比较具有代表性。

问题1：选址不当，对社区民意考虑欠周详。"安小懒"项目意在打造"青年社区"，依托青年旅舍打造特色住宿区，再融入办公区、健身区、餐饮区、休闲娱乐区。这样一来，住宿、餐厅、酒吧、书吧、开放式厨房、小花园、DIY活动、项目路演等应有尽有，打造一个功能齐全的"青年社区"。可这恰恰与典型高档居民社区追求恬静、安全、私密性高的环境格格不入，因此投诉不断。

问题2：对国家政策不了解。大学生创业往往热情度比较高，说干就干，却很少考虑是否符合国家政策。"安小懒"项目住宿、餐厅、酒吧等经营项目应有尽有，却居然没有申请公司营业执照，特别是旅社、餐饮、酒吧等都属于特殊经营项目还需要消防、经营许可等审批手续。

问题3：经营思路相对清晰但管理较为混乱，经营项目太多，定位不精准。主要体现在业务范围过广、缺乏重点项目、账目不清晰，缺少相应的规章制度管理。另外，项目原定的需求人群为大学生、旅行短租、创业者等都太过于分散，在情感和文化基调上没有一个长远的打造计划，导致定位不是很清晰，格调也无法提高。

问题4：缺少投资资金，企业核心竞争力打造不到位。由于缺乏投资资金，打造高品质社区的能力有限，现有的文化和环境无法吸引理想中的优质客户，导致盈利能力打折扣。

创业指导

针对创业政策知识的不足，指导老师不仅上门多番讲解有关的经营政策，还协助走访多方部门、协助申请相关的证照和政策补贴。帮助整合创业资源，打造文化社区的基调。

针对选址，一方面缩减现址的经营范围，减少引起其他邻居反感的经营项目；另一方面积极联络相关的资源，寻求合作，寻找新的地点，在新的选址上对项目进行升级。

在目标顾客人群选择上从最初的大学生群体，延展到初创团队和希望借助这个平台结交创业伙伴和投资者的人群；从项目定位上从最初的提供餐饮住宿为主的青年聚居地升级为以"共鸣、共享、共同成长"为核心理念，为初创团队、追求高品质创意生活的年轻人提供创意生活交流的集散地，为他们营造一个具有一体化配套公寓服务、一站式创业服务和高品质社交平台的良性循环生态圈。

针对资金问题，指导老师建议要按照社会化、企业化、专业化的方法进行操作，积极申请政府出台的创业担保贷款和相关创业补贴。此外，还可以尝试团队内部筹资，与社会资金和资源对接，通过路演等形式争取种子投资和天使投资。

指导效果

经过近一年的重新策划和艰辛谈判，"安小懒青年社区"项目取得了不凡的成果。2015年9月，获得岭南国际电子商务产业园的固定资产类投资近600万元；2015年11月引进天使投资，完成了近400万元现金的天使轮融资；2016年10月，广州市番禺区洛浦街迎宾路段19号厦滘商务区A区的首家旗舰店正式

"安小懒青年社区"

营业。

目前"安小懒青年社区"项目累计项目总融资近千万,市值3000万元,从500m^{2}的基地开始,慢慢发展成为拥有4000m^{2}场地的大公司。(广州大学现代产业学院　彭宇新)

创业孵化篇

诚如本书以上几篇论述,创业者在创业过程中会遇到各种各样的问题,创业指导不仅需要发现这些问题,还需要通过整合各类服务资源帮助创业者解决这些问题,而创业孵化就是一种综合有效的服务方式。从1988年第一家孵化器诞生至今,上海创业孵化服务伴随着创业政策、创业环境、创业需求的变化不断升级发展,并逐步形成了集聚空间、开业、培训、媒体、技术、行业、金融等多种要素的综合性服务产业,其间也聚集培养了一大批优秀的创业指导专家团队。恰逢上海科技企业孵化器三十周年巡礼之际,本篇精选8个来自上海优秀创业孵化单位的创业指导案例,以了解创业孵化运营模式下的创业团队与创业指导方式。

绘画开启了自己创业之旅

汪深,毕业于安徽建筑大学,毕业后曾是一名老师,负责学校教育信息化工作,同时她也是一名绘画、动漫爱好者。随着互联网创业浪潮的到来,汪深也被卷入其中,她选择了喜爱的绘画开启了自己的创业之旅。由于工作时间不长,积蓄比较少,汪深采用了一种较轻的模式,利用自己掌握的互联网技术以及过去积累的经验,搭建起链接绘画师以及专业爱好者的培训平台。由于创业项目正值互联网的风口,公司平台模式也比较前沿,受到了资本的追捧,公司很快就拿到了数百万的天使轮融资。在资金的推动下,公司团队成员大幅增加,功能也越来越完善,平台的友好感更加贴近绘画专业人士,用户增加了不少,但对于小白用户来说使用门槛比较高,专业性比较强,因此用户较为小众。随后用户数据达到一定阶段就停滞不前了,而专业绘画师的付费意愿又不是很强,短时期的运营成本较高,持续亏损,且亏损额度越来越大,另外选择融资时机也不对,资本市场处于寒冬时期,公司经营情况逐步恶劣,只能裁员维持基本的运营。

问题诊断

汪深对绘画的热爱和专注是值得敬佩的,为更多绘画人士提供专业的平台的初心是好的,但创业是一种商业行为,一定要选择市场规模较大的行业,同时要有清晰的商业模式。在汪深这一段创业历程,主要存在以下几个问题。

1.市场规模太小。公司的平台使用门槛较高,专业性较强,主要服务的用户为具备绘画基础知识的人群,人群范围狭窄。因此在创业的过程中,尽量选择市场规模较大,且竞争相对不那么激烈,市场趋势仍向好的方向作为自己的创业方向。

2.商业模式不清晰。公司是一家绘画师专业技能培训的B2C平台,为了吸引更多的用户,公司前期都是较低价格吸引用户使用公司的平台,甚至免费,没有开拓有付费意愿的B端市场,来保证自己的正常运营。

3.资金使用不合理,重视研发不重视市场。公司是一家早期的企业,公司融到资后,盲目招聘大量的技术人员,导致成本迅速增加,将大部分资金用于研发，完善平台的功能，实际上并不是越多功能越好，而是越简单越好，但一定要切中客户的核心点。而市场人员一直就只有创始人一人，创始人负责的事情较多，一人难以做更多的市场推广。

4. 不太关注现金流，未在有利时期进行融资。公司融资后，长期支出大，进账少，未有人提醒创始人关注现金流。公司应在资金充裕，且用户数据一直往上涨的时候启动新一轮融资，而不是等到账上资金不多时才启动下一轮，此时公司已经错过最佳时机。投资机构对于现金流、用户数据、公司成长性等方面较为看重，一旦这些数据出现问题，投资机构也会变得犹豫不决，因此不能使融资周期过长，这样对公司发展是极为不利的。

创业指导

针对以上四个方面的问题，我们给予汪深两方面的帮助，一方面基于公司的积累、优势重新进行定位，梳理商业模式；另外在创业过程中进行定期或不定期的碰撞，以及问题的揭示。

1. 基于过去的积累，以及自身的优势，同时顺应市场环境的变化，建议公司进行转型。

汪深是一名绘画、动漫的爱好者，绘画平台是面向专业的绘画人员，用户人群较少，而二次元人群相对较多，受到动漫、电影等市场的利好，90后、95后成为新一代消费升级的主力，用户人群也在逐年增多，公司团队有社区运营经验，因此公司可以转型成二次元社区平台。

2. 梳理商业模式。

公司定位为二次元的社区平台，通过工具增加平台的趣味性，通过IP等内容增加平台的粘性。签约更多IP的授权，为其孵化及衍生，从而实现变现。

3. 定期或不定期召开私董会，了解企业的经营情况和困难，寻找解决方案。

我们与公司进行定期或不定期的私董会，针对近期的经营情况和困难，结合专家的知识，进行头脑风暴，拓宽团队的认知边界，以及清理思维盲区，从而寻找解决困难的方案或办法。

4. 了解公司的财务状况，通过财务数据情况了解运营风险，并进行提示。

我们每个月都会了解公司财务情况，基于财务报表的数据，进行横向和纵向的比较，仔细梳理各个数据后面反映的问题，对创始团队进行有效提醒。

指导效果

在我们的指导和帮助下，汪深重新对公司的核心优势、团队的基因进行剖析，引入新的合伙人，用了一年多时间进行探索调整，公司转型为一家IP运营商及内容社区，同时找到好的商业模式，通过广告、IP孵化及衍生进行变现。经过几年的摸索，公司在二次元、IP领域小有名气，收入不断提升的同时也实现了盈利。

与此同时，公司也突破原有的局限性，开始与优质内容IP平台进行合作，其中包括腾讯、喜马拉雅FM等公司，意图构建以内容和IP为核心，结合新的AI及语音交互科技，在新的场景与载体上实现对IP、内容的价值传递和分发。目前，公司投入研发的一款整合了IP及大量儿童版权智能音箱上市，受到市场的热烈欢迎，随之带来的公司收入不断增加，且盈利能力越来越强。（上海麦腾创业天地　李伟）

梦想的互联网"新农人"

孙语浍,一名90后的创业者,一位东北妹子在一线城市死磕梦想的互联网"新农人"。大二时,一次特别的经历埋下了她创业的种子,当时听她爸爸说亲戚家的草莓严重滞销,她就组织身边的伙伴一起在微信微博校园网上策划了卖草莓的活动,用了不到两周的时间把5000多斤草莓销售一空。这让她发现东北特产竟然在南方如此受欢迎,更意外地验证了新媒体营销的力量。从那开始,她就在学校里做起了生意,把东北老家更多好吃的特产拿到网上卖,其中包括东北大米。这不但解决了自己大学的学费和生活费,还收获了第一桶金,同时也收获了一个梦想:要亲手把东北特产打造出一个年轻人热捧的品牌。

毕业后她一直专注新媒体营销,偶然的机会结识了创业前辈姜丰,姜总要将家乡东北五常大米打造成一个年轻人喜爱的品牌的事业深深触动了语浍,一切的努力似乎就是在等待这个机会,他们一拍即合,创业就这样义无反顾地开始了。只要你坚持,梦想会如约而至!

公司的品牌为龙米,是原创罐装充氮锁鲜的大米品牌,是消费升级下快速崛起的大米品牌,也是年轻人热捧的大米品牌。食品级易拉罐的大胆创新避免了塑料袋的污染,保证了大米的安全健康,同时让大米变得时尚好看。龙米打破传统渠道,通过新型全渠道营销的方式经过不到3年的发展就拥有了40多万会员用户。创业是一场修炼,中间有不少挫折和坚持,才能走到今日。

问题诊断

龙米首先主推的是五常大米,五常大米的问题由来已久,价格竞争异常激烈,市场上以假乱真、以次充好的五常大米较为常见。五常大米涉及产业链较长,环节较多,特别与农民端打交道,处理起来比较困难、费劲,同时供应链的管理、公司创新的模式,都需要团队长时间的摸索。公司身上特有标签,难以吸引到资本等,具体问题如下:

1.不太了解老百姓的需求。虽然两位创始人都是东北人,也是农民的子女,也比较懂农民,但现在站在商人角度,如何与农民进行有效沟通是件较为困难的事情,仍然需要花时间研究农民的特征以及当地农民曾经碰到过哪些问题,只有了解农民的需求，坦诚相待，才能以更好的、相对低价格承包农民的稻田，掌握优质稻田资源，构建自己的壁垒。

2.如何管控好供应链的成本。虽然五常大米的售价在大米领域算是最高的，但如果供应链上的任何一个环节管控不好，毛利率都会大打折扣，如种植成本、加工成本、存储成本以及物流运输成本等。

3.做时尚好看的大米品牌，创业初期的团队力量是不够的。过去很长一段时间大米都是通过传统渠道销往全国，虽然近二十年的互联网发展越来越成熟，通过互联网销售五常大米也到处可见，但想做成时尚好看的互联网大米品牌市场上基本没有，需要针对的用户群体是年轻人，需要满足年轻人的生活需求，适应年轻人的生活方式，80后、90后都是互联网的原住民，需要大量借助互联网渠道、新零售的渠道接触年轻人，需要新媒体推广、营销、裂变等，同时还要对大米附有精神、价值内涵，与文化结合，符合年轻人的标准。仅凭创业公司的龙米，对于这么创新的模式，需要团队长时间的摸索。

4.公司的标签不足以吸引到投资人。公司致力成为一家美好的互联网消费品牌，由于前期需要业务聚焦，通过大米切入，因此很容易被投资人定义为一家农业公司。五常大米深入人心，地域标志明显，而且市场上问题很多，公司将五常大米作为主推产品做法是很正确的，但在投资人眼里，认为五常大米"天花板"较低，市场很难做大。

创业指导

针对以上四个方面的问题，我们分别给予他们一系列的指导，一方面基于公司的情况进行头脑风暴，提供建设性的观点；另外在创业过程中留意相关的人员、合作伙伴为公司进行对接；最后帮助企业重新梳理商业计划书。

1.深入了解农民。建议企业核心团队花时间深入农村了解当地农民生存状况、民风以及需求，用有文化、有技术的农民做管理，可以比较高效的沟通，用好的制度激励种植较好的农民，遵守契约精神，不拖欠农民的承包款。

2.组织供应链专家进行头脑风暴。定期或不定期邀请供应链的专家进行探讨，对公司存在的问题进行解答，让公司更加清楚哪些地方比较薄弱，需要加强，哪些地方需要进一步巩固。

3.留意相关人员进行对接。我们整合市场上的新媒体渠道、视频平台以及新零售渠道给公司对接，同时建议公司以股权或高工资的方式吸引优秀的人员加入。

4.梳理商业计划书。结合公司已制作的商业计划书，根据投资人的偏好对其进行重新梳理，在公司战略方向、核心竞争力（竞争优势）、品牌的打法，业绩的成长性、核心操盘人的能力上花心思打磨，从而在商业计划书中进行展现。

指导效果

在我们的指导和帮助下，公司花较长时间去深入了解农民的需求，了解五常政府的意愿，获得了政府和农民的大力支持。在优质的稻田资源拓展上，变得更加有方向，懂得与农民对话，与当地政府沟通。在供应链方面，公司优化流程，借助科技重塑供应链结构，使得成本大幅降低，同时也借助供应链金融，使得资金成本大幅降低，资金周转变得更加高效。在营销方面，公司建立全渠道营销模式，线上新媒体矩阵（微信小程序、公众号、订阅号、头条号、抖音，美食平台、生鲜平台等），线下高端社区、银行、连锁零售店、连锁餐饮店多个渠道；在融资方面，明确自己存在的问题，想明白要解决的问题，知道投资人的需求，学会如何与投资人交流，在财务上进一步规范财务流程，更好地符合资本市场的要求。通过几方面的改变，公司业绩呈现爆发式增长，盈利能力也越来越强，公司也即将完成新一轮融资。（上海麦腾创业天地　李伟）

孵化铸就影视传媒名企

吴孙晓菁，一个名字有点特别的女孩，毕业于上海戏剧学院导演系。读书期间就非常有主见，在外不断的实习，并在实习中积累了不少经验，还去了许多创业型小公司跟着公司的创始人学习如何运营好一家公司。为此，到了毕业的季节，吴孙晓菁和几个伙伴经过深思熟虑，最终决定自己组建团队，入驻了上海知名的孵化园区——麦腾创业天地，成立了上海磐硕影视传媒有限公司。

用吴孙晓菁自己的话来说，其实现在很多大学生都会有毕业就创业的想法，但是往往容易太过理想化，低估了创业的艰难。但并不是说创业不好，而是要谨慎，需要有足够的资本、资源和经得起推敲的商业模式后再行动，而不是盲目的说创业就开始创业。

就比如吴孙晓菁自己，以为在实习期间累计的经验足够应付创业的困难，却没想到其实远远不够，人脉、场地、经验、资金、客户等的问题都对这个刚刚起步的团队形成不小的冲击，吴孙晓菁和她的伙伴在创业的路上一开始走的并不理想。

首先遇到的问题就是业务问题，公司想要维持下去就需要不断的有业务对接。吴孙晓菁团队从事的影视行业，想要白手起家做出一番成绩并不容易，虽然说各个合伙人都有相关行业的制作经验，但对于业务的开拓却都是门外汉，最后仅靠吴孙晓菁一人去拉动业务，其艰难可想而知。而如要招募专业销售人员的话，对于创业之初，资金不足的问题又摆在了眼前。

问题诊断

吴孙晓菁的谨慎在创业中是非常好的一个特点，特别是在还没创业前就开始学习各种经验的做法。但真正去实践创业后，就会发现哪怕再谨慎，走一步想三步，依然会遇到各种各样层出不穷的问题，吴孙晓菁的问题就主要原因来自两个方面。

一是公司并没有稳定的业务。在没有业务情况下，一个公司想要发展是非常困难的，而且吴孙晓菁的团队也并没有多余的资金去请销售，光靠吴孙晓菁一人去拉动整个公司业务实在是太困难，所以虽然团队有足够的制作经验，但在业务拓展方面面临非常大的问题。

二是公司需要有自己的特点。影视行业的市场非常残酷，公司想要接到业务，价格和质量一直是一个矛盾点，价格低，没有利润，做一单业务大家忙活半天，却拿不到多少钱。质量高，成本和报价也会相应地提高，客户如何相信一家刚刚起步的创业公司又是一个问题。这个矛盾也困扰了吴孙晓菁很久。

创业指导

针对以上分析，磐硕影视面临两个方面的问题，一方面要解决发展业务上的问题，需要有稳定的客户源；另一方面也要让她的企业摸索出自己的特色，并不断提升行业知名度。

（一）改变行业理念、人人都能做销售

1.麦腾创业导师："你的合伙人每个人都要能当销售，并同时兼顾自己专业上的工作"

吴孙晓菁的团队都是行业内的人员，在影视这方面都是专业的，但是在销售这块却都是"白纸"，所以创业导师提出让公司的每个人都尝试去营销，去拉动业务，从不会到会，而不是把公司业务的销售都压在相对外向的吴孙晓菁一个人的身上，这对于公司未来的发展是不利的。接到项目后大家可以一起完成，并根据项目分工情况来进行分成，当然，主动销售的人员在项目分成时也会占比最多，这样在带动整个公司销售收入的同时，也会促进每一个合伙人的积极性。当然所入驻的麦腾创业天地在前期也会对吴孙晓菁和他的团队进行帮助，给予相关营销知识、谈判技巧、沟通方式等一系列问题进行指导，让这个团队能快速走上正轨，从一支专业的制作团队转变为有自己商业模式的能够成功运作的影视公司。

2.不断提升品牌知名度

针对吴孙晓菁报价和作品质量的矛盾点，麦腾创业导师还是建议他们在把控好质量的大前提下，在价格上也要突出性价比，在起步阶段可以略微少赚点，但重要的是能够把磐硕影视的知名度和口碑传播出去。另一方面，导师也建议吴孙晓菁可以积极参加所在园区麦腾组办的各类路演和交流会的机会，在路演上根据投资人的建议不断修正自己的商业模式和特色，同时也能和同业之间有更多的交流与沟通，拓展自己的思维以及扩大人脉，更多更好地创造潜在客户。

（二）为其提供创业实际帮助

针对类似磐硕影视这样有发展潜力的初创公司，房租补贴、开业红包、创业奖学金等，麦腾也为吴孙晓菁团队在资金上提供了持续的帮助。同时对于吴孙晓菁所从事的影视项目，麦腾也协助其申请政府对于文创项目的各类补贴和告知其一些产业优惠政策等，让其能够享受到政府产业导向的一些红利，加速企业成长。同时在人员招聘、公司管理、企业宣传等方面，也不余遗力地给予多方的帮助，协助初创公司更好地运营。

指导效果

在麦腾创业导师的指导下，吴孙晓菁的磐硕影视正朝着正确的轨道行驶，业务发展日渐稳定，已经签约了不少大客户，进入企业加速的过程。当问及今后公司的发展，吴孙晓菁希望能和政府进行合作，拍摄发展旅游文化的电影，树立起磐硕影视的品牌。对此，麦腾也积极对接，2018普陀众创联盟年会的宣传片就由磐硕操刀完成，并获得了良好的口碑。（上海麦腾创业天地　贺岑）

创业从0.5突破到1

杨云帆，男，汉族，共青团员，东华大学旭日工商管理学院电子商务专业2012级本科生。本可以做个"安静"的大学生，他却在大一时就到苏河汇孵化的创业公司兼职实习，一边赚取生活费，一边学习创业方法。大二时，有感于学校缺少一个同学之间交流互动以及活动发布的平台，杨云帆将自己全部的热情、精力投入到"东华挖掘机"校园媒体平台，平台运营半年后在东华小有名气，积累了一万多个粉丝，但迟迟没有产生营收，一起合伙的其他同学渐渐失去了热情陆续退出，只有杨云帆一个人苦苦支持，由于精力有限，好不容易积累起来的粉丝也渐渐失去了。杨云帆十分苦闷，感觉到自己的付出没有取得想象中的回报。

问题诊断

杨云帆的创新创业嗅觉比较灵敏，领先于同龄人，也具有了做商业MVP的能力。但项目迟迟无法从0.5突破到1，原因主要有几点。

1. 缺乏整体商业规划的能力。杨云帆的创业始于兴趣，没有做好公司中长期规划。在执行过程中目标不清晰，导致公司过早出现瓶颈期。

2. 商业模式不清晰。单纯地想把身边的同学聚集在一起，但没有挖掘出学生真正的需求，导致人来了没有内容。

3. 公司治理不规范。早期通过一腔热情聚集了一些有想法的同学一起干，但是没有给员工明确的激励制度和目标，导致团队很难留人。

创业指导

针对项目的一些问题，导师和杨云帆一起重新梳理商业模式，找到公司核心竞争力，制定了解决方案。

1. 为杨云帆设计了商业模式画布，通过画布系统地分析了他所处行业的问题，提炼出用户需求，从学生的"衣、食、住、行、学、就业"几个维度出发，找到公司当前能切入的点。

2.学会借力。作为一名在校学生，短期内能力很难飞速提升，要借助身边的资源，比如学校、老师以及外部导师。将身边的资源转化成自己的。

指导效果

通过指导，杨云帆提炼出公司的价值：为同学服务，找到同学的痛点：找兼职难，没有正规的渠道，没有统一的用工标准，还有一些人则是缺乏应聘渠道。

于是从"东华挖掘机"媒体平台延伸出"秒职网"项目，将"东华挖掘机"媒体的粉丝直接转化为"秒职网"种子用户，吸引了可口可乐、施耐德、花旗银行等200多家知名企业提供实习就业岗位，"秒职网"累计帮助数千人次找到兼职或实习，或走上工作岗位。

2015年杨云帆又从"秒职网"延伸出"秒送"项目，即"中国最牛的高校极速深度推广平台。"抓住学生充满着对新鲜事物的好奇心，对于新产品的高接纳度，为其量身定制的推广平台。同样吸引了数百个品牌入驻，覆盖了100多个高校。并在同年受到天使投资机构的认可，拿到了百万级融资。

2017年杨云帆将"秒送"项目进一步升级，开始为一些大的传统品牌做互联网转型。去年，公司实现了一个亿的销售额，有感于自己创业之初的能力不足，今年他给公司定的目标不仅仅是销售额增长50%，而更重要的目标是提升团队能力，公司出资为管理团队和员工都量身定做课程。他说，团队的能力才是公司最大的资产。

杨云帆还在创业的路上继续前行，此刻他对前路充满希望。

2014年东华创业大赛一等奖

2015年获得数百万天使投资

2016年上海市大学生创新创业大赛三等奖

（上海苏河汇科技服务股份有限公司　蒋倩倩）

校门口的眼镜店

汪晨骐，易视（北京）网络技术有限公司创始人兼CEO，毕业于台湾大学，计算机硕士，在校期间发表4篇国际论文、拿到来台陆生奖学金，却放弃卡耐基梅隆大学phd的机会回到家乡——眼镜基地江苏丹阳创业。他的愿景是能为眼镜这个传统行业互联网化做出自己的贡献。

作为一个土生土长的丹阳人，汪晨骐一直想为家乡做一些事。从本科开始，他的同学得知他是丹阳人之后经常委托他从家乡买眼镜，去台湾读硕士后，身边的同学更是一次好几副的委托他戴眼镜。后来他得知，在台湾一个人通常会配好几副眼镜来搭配不同的衣服，而在大陆，还是习惯每天带同一副眼镜的人居多，他隐隐的觉得这是一个机会。后来经过调研，发现在欧美等国家年轻人也已经习惯把功能性的眼镜变成了饰品。

硕士期间的假期汪晨骐在上海的一所大学旁边选了一个不起眼的店铺，开了家眼镜店叫"校门口眼镜"，主打价格实惠适合学生的眼镜。一开始大力的宣传吸引了很多学生，但是经过半年的火爆期后渐渐生意冷落起来，而由于库存积压太多资金周转越来越艰难，房租、店员工资都给汪晨骐带来了很大的压力。

问题诊断

了解到苏河汇的大学生创业孵化计划后，汪晨骐主动寻求帮助。经过导师的诊断分析，第一步先找出"校门口眼镜店"生意越来越差的原因：

1. 店铺产品周转率低，没及时跟上市场潮流；
2. 对老用户黏度不够，需要加强顾客互动；
3. 眼镜目前仍为低频消费品，校园周边眼镜店供大于求；
4. 单店供应链把控能力差，和供应商议价空间小。

创业指导

导师的分析让汪晨骐恍然大悟，他尝试调整店铺销售策略，生意渐有起色。但导师了解到他的目标是改变中国的整个眼镜市场，而不仅仅是开好一家线下眼镜店，一年的开店精力让他积累了不少经验。经过三个月在苏河汇的学习，无数次和导师反复讨论，提炼出眼镜行业目前面临的问题。

消费者方面：贵，眼镜价格不透明，不知道买的眼镜值不值；烦，每次都要重新验光，购买流程长；差，服务体验差，不敢进眼镜店。

眼镜零售商方面：获客成本高，依赖线下门店，租金压力大。库存压力大，毛利高，净利低，全压在库存里。从业者文化水平较低，素质普遍不高。

供应商方面：销售不能闭环，不知道产品是否卖到C端消费者手中。现金压力大，下游铺货现象严重，货都压在渠道中。品牌知名度低，只有行业人知道的品牌，少有消费者知道的品牌。

在导师的指导下他意识到要彻底改变行业必须实现行业信息化，为此他创办了E-Glass，专为眼镜行业提供技术解决方案和系统服务，不仅为零售店提供互联网化解决方案，也帮助商家实现信息化管理库存、在线订货供货等，提高行业效率，降低成本。

指导效果

经过两年的发展，目前E-Glass已经在行业扎根，从信息化系统延伸到供应链以及金融服务，目前有2000多家门店都在用E-Glass的系统。E-Glass也已经获得了多家资本的投资。

（上海苏河汇科技服务股份有限公司　蒋倩倩）

不改初衷发展移动医疗

王卓耀，一位出身于医学世家的优秀计算机专业博士，留学德国潜心科研，聚焦移动医疗。学成后，他毅然放弃国外优越条件，回国投身创业浪潮。计算机与医学，看似截然不同的科学，却在王卓耀的人生中"牵手"，迸发出耀眼的创业火花。回首创业路，王卓耀从最初的学术型人才，打造"爱壹得"移动医疗领域精英团队，整合移动医疗系统优质资源，并推动技术进步。

2005年，在德国留学的王卓耀开始参与研究移动医疗信息化技术。他希望以最前沿的技术，开发医疗系统，提供医疗移动化解决方案。他所在研究团队的核心来自欧洲信息枢纽——卡尔鲁斯厄工业大学信息化项目研究中心。八年中，科研团队与SAP、Siemens、Apple合作参与了欧盟斥资十亿欧元打造的移动医疗基础技术项目的开发，该项目融合物联网技术、云技术、语义网技术与网格技术等于一体，同时拥有移动医疗系统、移动扫描等多项核心技术。

问题诊断

对王卓耀而言，从学术科研向市场业务转型十分艰难，兼具技术和商业思维的创业者有时几乎"精神分裂"。移动医疗行业非常特殊，迄今为止，全世界都没有成功商业模式可以借鉴。

创业指导

导师与王卓耀分析认为，在技术上制胜是核心，在此基础上，逐步开拓市场。移动医疗系统可以使家庭医生与患者实现互动，从而提升社区居民对家庭医生的信赖感和依从性，从而夯实商业基础，扩大企业规模。王卓耀一面虚心学习经验，一面努力尝试开拓市场。目前上海已有五个区在着力推进相关平台建设，近90%的老人选择了家庭医生，扭转了以往对社区医院的漠视。

指导效果

王卓耀的爱壹得科技将世界顶级移动医疗解决方案引入上海公立医院："移动查房"使医生更快、更直接地获取与录入病人相关资料；"移动护理"辅助护士完成所有病房内与时效性相关的护理工作；"移动影像"可汇总区域医院或医联体的医疗影像资料到数据中心。同时，着手打造以首诊为中心的分级诊疗平台和公共卫生健康信息平台，为居民建立家庭医生移动信息平台，形成移动分诊模式。

从最初的学术研究人才如今转型为商业人士，五年的创业之路，有顺境，也有波折。对梦想的坚持，是支撑王卓耀一路走下去的法宝。如今，王卓耀将技术环节交由团队严格把控，自己主攻商务领域，他自命为公司的"大销售"。他坦言："我们的问题在于销售能力不足。"他十分清楚爱壹得发展中的问题，他坚信只要有过硬的技术与产品，总能敲开国内移动医疗市场的大门。

荣誉：

2014年1月，通过参加上海市科技企业创新创业大赛（暨创新资金项目评定）获得立项，并引入上海科技创业投资（集团）有限公司旗下风险投资基金投资入股。

2015年11月，王卓耀获上海市委组织部、共青团上海市委评选的"上海市青年创业英才"荣誉称号。

2017年6月，上海爱壹得信息科技有限公司的"基于家庭医生的移动信息云服务平台"项目获上海市科委科技型中小企业技术创新资金项目立项，获得20万元资助。

2017年10月，上海爱壹得信息科技有限公司获得"上海市高新技术企业"认定。

（上海莘闵留学人员创业园　童玲玲）

提倡全民阅读的先行者

郭俊杰，2009年毕业于上海理工大学，85后连续创业者，大学期间就开启了他的创业之旅。在成立樊登读书（原樊登读书会）之前，他曾以构建社区营养站为目标，在北京开办生鲜超市；立志为企业提供最优秀的人才，在上海创办人才咨询公司。早期的创业经历并非一帆风顺，当时仅凭借满腔热情就开始创业的他不断地在反思、从错误中汲取经验、快速成长，在创业这条路上越战越勇。

同时，他意识到自己所有的创业动力都来源这个信念：要做对社会有价值、有意义的事情。在第一次与樊登老师相遇时，他就坚信"讲书模式"将扭转大众对读书的认知、改变一部分人从来不看书的习惯，并开创一个全民阅读的新局面。当然，此时的他已蜕变成为一个更有经验的领导者，更善于从商业的角度出发思考问题，也更懂得团队建设的重要性，这些都是樊登读书从一个创业项目成长为一个互联网企业至关重要的因素。

问题诊断

资金的困惑，作为平台型创业项目，资金是项目维持的关键，如何为他们寻找到资金支持，让项目坚持实现读书的社会价值，寻求可持续的商业模式，并且通过社会影响对项目进行品牌拓展和开发，保持以互联网思维和分享经济的形式，既把高价值商品以大众可接受的价格分享给大家，将阅读的快乐与收获带给更多人，成为园区对该项目扶持的重点。

创业指导

在园区引进该项目之后，园区导师与郭俊杰分析情况，并建议以大学生创业者身份申请了上海市大学生创业基金。在园区的帮助下，通过市基金会评审后获得30万债券天使投资资金，并利用园区共建孵化基地资源，积极与联通创投进行对接，促成樊登读书项目能够在风险投资领域获得资金帮助。在2015年1月，顺利地得到了联通创新创业投资（上海）有限公司的天使轮投资，并于

2016 年 8 月获得了 A 轮融资。

除了发展过程中受到了市场投资的青睐，在长宁区落户发展的时间里，同样也受到了来自政府和创业园区的大力扶持。2016 年，长宁区政府通过对《长宁区 2016 年信息消费专项资金项目》和《上海市科技型中小企业技术创新资金项目》等政策的申报扶持工作，对樊登读书项目进行了专业的审核评定，并引入了项目政策的专项资金，对企业进行了资金和政策上的各项扶持，使樊登读书的发展得到了极大的助力。2016 年下半年，工程大科技园区通过《长宁区促进与高等院校合作政策》辅助申报，为樊登读书引入了政策专项引导资金，对项目发展和企业用房等方面进行了专项补贴和政策扶持。

指导效果

樊登读书（原樊登读书会）由樊登、郭俊杰、田君琦、王永军联合发起，总部设立于上海。历经四年多的发展，目前已在上海、北京和西安等地设有 7 家独立运行的子公司，分别运营企业版 APP（一书一课）、家庭亲子版 APP（樊登小读者）、实体精品书店（樊登书店）、无人零售书店（核桃书店）、文化选秀及经纪业务（我是讲书人）、在线商城（樊登心选）以及图书出版采购（光尘社）等业务。截止至 2018 年 7 月，樊登读书已在全球正式成立了 2000 多家授权点，包含省级授权点 20 家，市级授权点 267 家，海外授权点 50 家，城市授权点共 1202 家；用户数超过 750 万，足迹遍布全球。

（上海工程技术大学国家大学科技园　叶峰）

孵化园区培育智能洗护品牌"淘洗洗"

邓洋洋在大学期间就开始了自己的创业历程,从13年大学生文化创意创业赛上的一等奖的获得者,蜕变为国内领先的智能洗护品牌"淘洗洗"创始人。自第一个手工皂电商项目开始,邓洋洋就接收到了母校创业基金的资助,并在学校科技园进行创业孵化。出于感恩母校的校友情怀,他的团队自费制作了《云端漫游——最美工程大》全景航拍作品,并无偿捐赠于母校。在毕业之际,已经有了两年创业经验的他并不想就此结束创业生涯,他带领校友开启了新的项目,淘洗洗——致力于成为中国校园洗护行业领导者,首创针对校园智能自助洗护空间和一键上门服务模式。从硬件(洗衣机)到软件(手机APP应用)都由邓洋洋和他的团队一起操刀设计。所有衡量的标准只有一项——便捷。

团队虽然已经经过充分市场调研,经过近四个月的软硬件研发和实践测试,确定针对不同校园现状,设计多种应用场景,便于用户操作使用,但由于缺乏前期启动资金和试点的场地,项目一直无法尽快落地。

问题诊断

邓洋洋在校期间的创业经历培养了他敏锐的市场嗅觉,也形成了自己可信赖的合作团队。通过校园创业大赛、孵化基地创业实践以及市场上各类融资活动的历练,他对创业项目的思考,不论商业模式还是发展规划都逐步清晰和明确,但从想法到实践仍然遇到一定问题。

第一,缺乏数据支撑和验证。要切入校园智能自助洗护空间的市场,必须将洗护设备植入校园,而绝大多数校园内已有自助洗衣,没有试点验证的机会。

第二,作为清一色大学生团队,淘洗洗并没有足够的前期资金储备,而他们所开展的业务不论是改装原有洗护设备还是新购置设备,都需要大量前期投资。

第三,业务进入各大高校有各自的校园壁垒,较难大规模的迅速推广,应用场景和客户渠道需要更多元化。

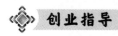 **创业指导**

(一) 公益基金与风险投资助力

2017年2月淘洗洗项目通过大学生创业基金的评审,本校分会给予淘洗洗项目30万元的启动资金,在第一笔资金的支持下,项目测试日订单突破百单,用户近万人。同年4月,项目通过学校科技园的融资对接,"淘洗洗"无人值守的共享经济模式,得到机构数百万天使轮投资。

(二) 场地支持,旗舰店成立

互联网的创业环境对时间效率要求非常高,"淘洗洗"由于模式新颖及种种现实原因,第一个样板店难以在短时间落地,团队也相当着急。上海工程技术大学科技园和电子电气工程学院领导了解到团队的困状,立即响应并安排专人负责,积极与学校后勤部门协调沟通,共同支持大学生创新创业,使得本校成了"淘洗洗"第一个样板落地。

(三) 知识产权规划与指导

在当今的时代,淘洗洗这种类型的模式创新型的互联网+行业创业公司,是极易被模仿的,一旦有点成功,市场上马上冒出若干仿冒者,让市场变得混乱不堪。对于创始者来说,这往往代表着前功尽弃。然而很多创业型公司资金有限,一般都不会配备法律团队,很容易产生一些无法解决的法律问题,包括知识产权法律问题,后果严重者公司可能会因此破产。学校的科技园联合自身的法律顾问和知识产权服务方,与团队的积极探索努力下,项目布局知识产权专利。

(四) 拓展应用场景,助推项目发展

项目虽以校园的洗衣场景为切入点,但应用场景仍有很大的发展空间。学校与园区帮助项目拓展校园市场以外的运用场景,帮助对接高校科技园在沪分基地及外省市分园。

(五) 校方大力支持,项目反哺母校

"淘洗洗"这个新颖的校友创业项目受到学校领导的高度重视,5月23日,"淘洗洗"智能生活创新中心——上海工程技术大学服务站落地成功,上海工程技术大学党委书记李江等领导出席了揭牌仪式,赞扬了校友团队反哺母校的奉献精神,更表达了对于大学生创新创业的高度支持。

指导效果

项目 2017 年 4 月启动，当年平台交易额突破 1000 万，截至 2018 年 5 月份用户量近 100 万，覆盖学校 138 所、公寓 568 所、酒店 73 所。项目已在上海、江苏、浙江、福建地区开拓了多所学校，同时启动了人才公寓、酒店等行业的开发计划，新颖的共享经济模式受到了众多用户的好评，还得到《新华社》《解放日报》《青年报》等媒体报道。"淘洗洗"与学校成立了产学研合作教育基地、与电子电气工程学院成立了党员园区服务站、大学生创新创业服务站，科技园师生创业分中心，旗舰店在日常的运营中还会长期招募勤工助学的同学，同时也为有创业需求的同学解答学校科技园基本的创业服务政策。

邓洋洋及团队的荣誉：

第四届上海市松江区青年联合会委员

上海工程技术大学电子电气工程学院校友会理事

第三届中国"互联网＋"创新创业大赛上海赛区三等奖

第三届"i创杯"互联网＋创新创业大赛全国决赛优秀奖

第十一届全球创业周中国站"雏鹰奖"

第六届中国（上海）国际技术进出口交易会"十大人气项目奖"

（上海工程技术大学国家大学科技园　叶峰）